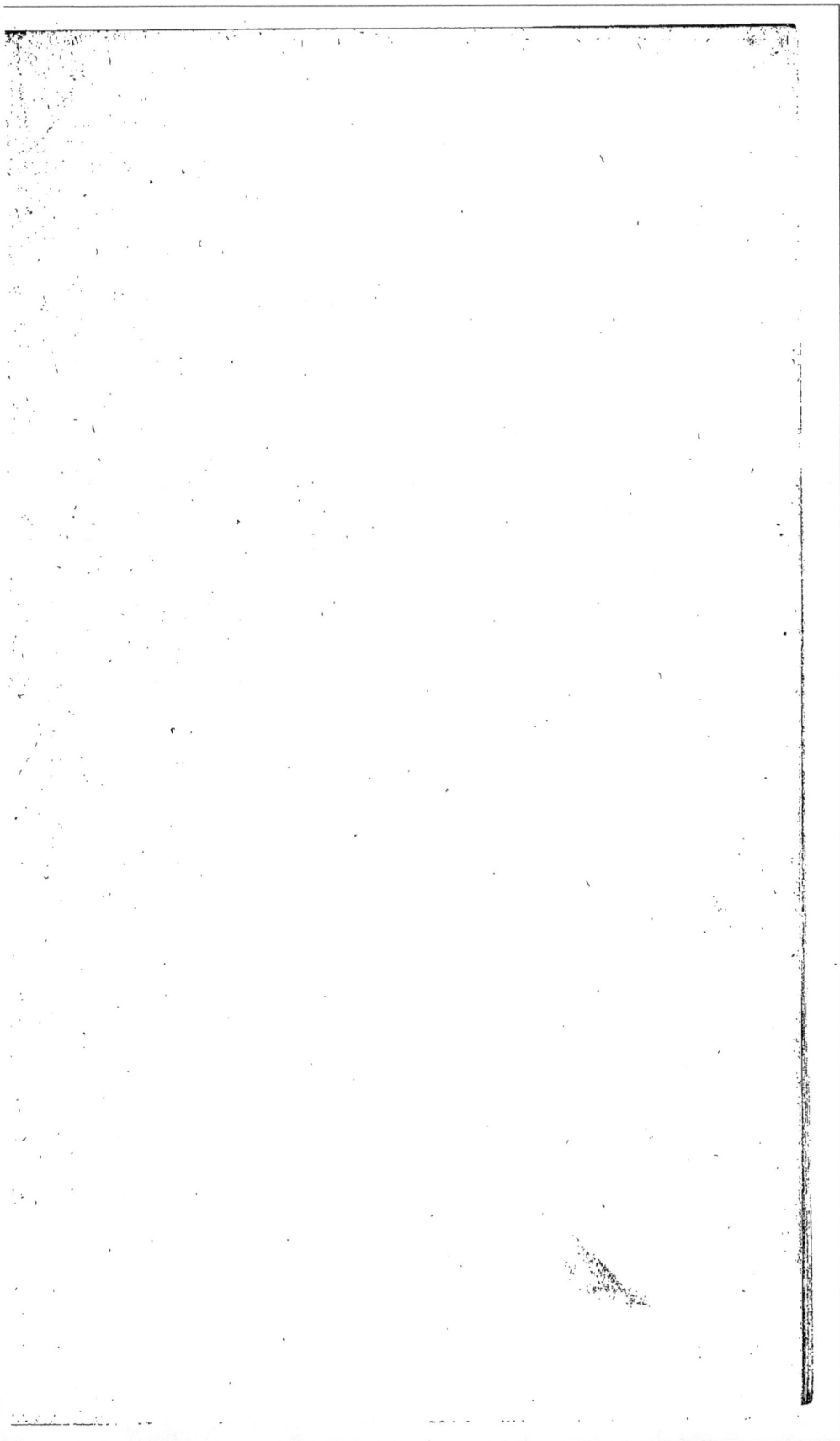

X

HISTOIRE ET THÉORIE

DE LA

CONJUGAISON FRANÇAISE

Extrait du *Bulletin de la Société archéologique et historique de la Charente*, année 1867.

———

Angoulême, Imprimerie Charentaise de A. NADAUD et Cⁱᵉ, rempart Desaix, 26.

HISTOIRE ET THÉORIE

DE LA

CONJUGAISON FRANÇAISE

PAR

CAMILLE CHABANEAU

PARIS

LIBRAIRIE A. FRANCK

RUE RICHELIEU, 67

—

M DCCC LXVIII

©

L'ESSAI qu'on va lire n'est qu'une partie d'un ouvrage encore inachevé, quoique depuis longtemps entrepris, qui aura pour titre : *Grammaire historique et philosophique de la langue française.* Comme cette partie forme en elle-même un tout complet, je me décide à la publier séparément, afin de soumettre plus tôt au jugement du public les théories et les classifications nouvelles que j'y propose, et dont l'adoption aurait, je crois, pour résultat d'introduire dans l'étude de nos verbes l'ordre et la clarté qu'on a jusqu'à présent regretté de n'y pas trouver.

Mon but étant l'histoire de la conjugaison française depuis son origine jusqu'à sa constitution définitive, je note, quand il y a lieu, les modifications successives de chaque forme verbale, mais je n'entre pas dans le détail minutieux des différences dialectales ; il suffit à mon objet de faire l'histoire de

1

chaque *temps* dans le dialecte qui a prévalu. Ceux
qui voudront sur ce point des renseignements éten-
dus devront recourir à l'excellente Grammaire de
M. Burguy (1). Je néglige aussi, et complétement,
les différences qui tiennent aux variations de l'orthographe. Par exemple, on a écrit d'abord *escrire, fait,*
puis au XIVᵉ siècle et jusqu'au XVIᵉ, *escripre, faict.*
Je ne tiens aucun compte de pareilles formes, qui
ne correspondent point à un changement dans le
son du mot et ne sont que le témoignage du pédan-
tisme des scribes.

N'ayant voulu faire qu'un travail d'exposition, je
me suis interdit en général les discussions, surtout
celles qui auraient pu ne paraître que des querelles
de mots. Je crois devoir cependant m'expliquer ici
sur une double question de terminologie qui est
aussi, par un de ses côtés, une question théorique,
afin que le lecteur sache d'avance que si je ne me
suis pas servi dans mon ouvrage de certaines dénominations, ce n'a été ni par ignorance, ni encore
moins pour affecter de méconnaître l'autorité, devant
laquelle, au contraire, j'aime à m'incliner, des
savants qui les ont proposées.

M. Burguy divise les verbes français en *forts* et en
faibles, appelant *forts* ceux qui subissent une altération du radical aux formes à flexion sourde des
temps de la première série, tels que *venir, recevoir,*
et *faibles* ceux dont le radical reste partout inaltéré,
tels que *chanter, finir.* — Ces termes sont empruntés

---

(1) *Grammaire de la langue d'oïl*, ou *Grammaire des dialectes
français aux XIIᵉ et XIIIᵉ siècles.* Berlin, 1855; 3 vol. in-8°.

à la grammaire des langues indo-germaniques primitives, et particulièrement de l'allemand; mais on
ne saurait, je crois, sans abus, les transporter dans la
nôtre, en leur laissant, comme l'a fait M. Burguy, le
sens qu'ils ont dans celle-ci. L'altération du radical
n'est pas, en effet, chez nous, un procédé de conjugaison; ce n'est que le résultat pur et simple de
l'application normale d'une loi générale d'euphonie.
Aussi la théorie de M. Burguy, bien que séduisante
au premier abord et assez spécieuse pour avoir fait
illusion à M. Littré lui-même (1), ne paraît-elle pas
devoir être adoptée. Je développerais ici mes motifs
de n'y pas souscrire, si M. Gaston Paris ne l'avait
déjà supérieurement réfutée (2). Ce dernier, de son
côté, tout en rejetant la théorie de M. Burguy, re-
tient les dénominations de forts et de faibles pour les
appliquer, d'après M. Diéz, non plus à des verbes
entiers, mais seulement à certaines formes, qualifiant
de fortes celles qui sont accentuées sur le radical et
de faibles celles qui sont accentuées sur la flexion.
Une pareille application de mots si usuels a, dans
l'espèce, cet inconvénient, assez grave à mes yeux,
de dérouter, du moins un moment, le lecteur, par
l'apparente interversion de leur signification respective. Au premier abord, par exemple, et avant toute
définition, des deux formes *pris*, *prenons*, c'est certainement la première qui paraîtra la faible, et l'on

---

(1) *Histoire de la langue française*, t. I, p. 120 Plus loin, t II,
p. 118, M. Littré revient, mais non sans hésitation, sur son assenti-
ment, et il indique la vraie et l'unique raison de l'altération radicale
des prétendus verbes forts.

(2) *Du rôle de l'accent latin dans la langue française*, p. 103.

ne pourra qu'être étonné d'entendre dire que l'ancienne forme forte *dismes* s'est *affaiblie* en *disons*, lorsqu'il est, au contraire, sensible à l'oreille que le mot a pris plus de corps, plus de sonorité, plus de *force*.

Tel est le motif, que quelques-uns peut-être trouveront peu sérieux, car mon objection ne porte ici que sur le choix des mots, pour lequel je n'ai pas fait usage des dénominations dont il s'agit, même dans le sens restreint et dégagé d'assimilations erronées où M. Gaston Paris les emploie.

J'ai divisé mon travail en deux parties : dans la première, après quelques considérations générales et une *théorie des temps*, où je m'attache à montrer le plan nouveau et original d'après lequel notre conjugaison et, en général, celles des langues romanes ont été construites, je fais l'analyse et l'histoire des formes composées de nos verbes; dans la deuxième partie, consacrée spécialement à l'histoire des formes simples, après avoir exposé les principes d'après lesquels nos conjugaisons doivent être classées, je me livre à l'examen particulier et détaillé de chacune d'elles, et je donne la liste, méthodiquement dressée et accompagnée d'observations sommaires, de tous les verbes compris dans la seconde des deux grandes divisions que j'établis.

PREMIÈRE PARTIE

CHAPITRE PREMIER.

INTRODUCTION. — CONSIDÉRATIONS GÉNÉRALES.

1.

Les langues, de même que tous les êtres vivants, sont soumises à deux forces contraires, l'une dissolvante, l'autre plastique, et leurs états successifs ne sont que les résultats divers du conflit de ces deux forces. Ces forces sont toujours actives, mais elles ne se font pas sentir également à toutes les époques, et elles ne se manifestent avec toute leur intensité que lorsque certaines circonstances extérieures favorisent leur action; elles s'exaltent alors, et, au lieu de ne produire que des changements lents et peu sensibles, elles vont jusqu'à détruire et jusqu'à créer. De pareilles circonstances se rencontrèrent lorsque la langue latine, ayant été transportée dans les Gaules, comme dans les autres parties du monde romain, s'y trouva aux prises avec des organes rebelles à son euphonie et aussi, sans doute, avec une pensée moins complexe que celle dont elle était l'image. Cette double cause précipita la décompo-

sition dont les ferments existaient en elle, mais qui
aurait été sans cela beaucoup plus lente, et suscita
parallèlement une action plus énergique de la force
plastique. Ce fut surtout dans le domaine de la
conjugaison que cette force se déploya avec puissance et originalité. Nous allons étudier séparément, dans la langue française, cette partie de la
grammaire et y constater les résultats de son action.

Cette action fut double : elle se manifesta premièrement par la création de nouvelles formes,
deuxièmement par la régularisation et comme par
la refonte des formes conservées qui se trouvèrent
trop frustes ou qui parurent anormales. Mais cette
dernière partie de l'œuvre totale fut de beaucoup
postérieure à la première ; elle n'eut lieu qu'après
la période de dégagement, aussi fut-elle différente
pour chacune des langues romanes. La première,
au contraire, fut générale et commune à toutes, car
elle s'accomplit dans le latin lui-même, et lorsque
toutes ces langues y coexistaient encore, comme
des jumeaux au sein de leur mère.

Des nouvelles formes ainsi créées, quelques-unes
étaient destinées à en remplacer d'anciennes ; les
autres devaient exprimer des rapports que la langue
latine n'avait pas encore distingués. On obéissait,
en créant les unes et les autres, à un besoin réel,
mais ce besoin restait inconscient. Aussi le départ
des attributions ne se fit-il qu'assez tard. Chaque
forme usurpait fréquemment le rôle de sa voisine.
Tous les *temps* du passé, par exemple, y compris
les formes conservées, se prenaient à peu près
indifféremment les uns pour les autres ; on les avait

créés ou conservés avec le sentiment confus de l'utilité distincte de chacun d'eux , on ne savait assigner
d'emploi distinct à aucun d'eux. Cela ne devait se
faire que graduellement, au fur et à mesure des
progrès de la réflexion. C'est ainsi que l'enfant naît
muni de toutes les facultés qu'il doit développer un
jour et de tous les organes nécessaires à l'exercice
de ces facultés, mais qu'il n'a pas plus conscience
des unes qu'il ne connaît encore l'usage des autres.

Ces formes nouvelles de la conjugaison ne furent
point le résultat d'une expansion du thème verbal,
comme l'étaient ou plutôt comme paraissaient l'être
les flexions latines, quelque chose d'analogue aux
pousses nouvelles d'un vieil arbre. Elles ne furent
que le résultat de la juxtaposition d'éléments déjà
existants. Le même phénomène qui avait eu lieu
lorsque les pères communs des langues indo-euro-
péennes composèrent leur conjugaison reparut,
moins général, dans cette nouvelle formation, et,
comme la langue primitive des Aryas, parmi les
mots spontanément créés par elle, en avait choisi
quelques-uns pour marquer les rapports verbaux,
de même les langues néo-latines, parmi les mots de
la langue mère, en adoptèrent d'autres qu'elles em-
ployèrent au même usage. Ce furent les formes du
verbe *être* et du verbe *avoir*. Mais au lieu que, dans
les langues aryanes primitives, le mot signe de
rapport s'était greffé au thème verbal, de manière
à se nourrir en quelque sorte de la même sève et à
former avec lui une indivisible unité, il en resta
distinct dans les langues romanes, comme les prépositions qui, dans le même temps, se substituaient

aux flexions des substantifs, restaient distinctes de ces derniers. Remarquons toutefois que les verbes auxiliaires, tout en jouant le rôle qui leur est ainsi attribué dans la conjugaison, n'ayant point pour cela cessé d'être employés isolément dans leur pleine acception primitive, il peut résulter et il résulte, en effet, souvent de ce double usage des confusions (1) auxquelles les prépositions, purs signes de rapports, ne donnent pas lieu. Aussi arrivera-t-il peut-être un jour que ces auxiliaires cesseront tout à fait d'être signes *d'idées*, pour ne plus l'être que de *rapports* (2), mais sans se confondre formellement, dans une unité organique, avec le mot dont ils expriment les relations, ce qui serait contraire au génie même des langues romanes. Essentiellement analytiques, ces langues tendent, en effet, à distinguer soigneusement, dans l'expression de toute idée, le relatif du général, le contingent de l'absolu, constatant ainsi, d'ailleurs, un progrès de notre pensée, comme elles répondent à un besoin de notre esprit.

L'auxiliaire joue donc dans les formes composées de nos verbes le même rôle que les flexions dans les formes simples. Mais, tandis que celles-ci marquent toutes les circonstances modificatrices, nombre, personne, mode et temps, il en est une, comme

---

(1) On ne saurait attribuer à une autre cause l'embarras des grammairiens pour expliquer la règle de l'accord des participes et l'emploi de l'auxiliaire *être* dans la conjugaison des verbes réfléchis.

(2) Cette élimination de la signification *réelle* est déjà presque accomplie dans la langue espagnole pour le verbe *haber*, qui n'y a pour ainsi dire plus d'existence indépendante.

on le verra plus loin, que l'auxiliaire n'indique pas
et qui reste attachée au signe de l'idée fondamentale. C'est la dernière, et cela paraîtra bien remarquable si l'on songe que, de toutes les contingences,
celle de temps est la seule dont la pensée de l'homme
ne puisse s'abstraire, puisque le temps est la limita-
tion propre, la condition même de cette pensée, et
qu'elle cesserait d'être s'il cessait de la circonscrire.

II.

Passons maintenant en revue les diverses formes
de la conjugaison latine, et voyons ce qu'elles sont
devenues dans la conjugaison des langues dérivées,
et plus particulièrement dans celle de la langue
française.

Voix. — La voix passive a disparu tout entière ;
elle a été remplacée par une circonlocution. C'est
là l'œuvre la plus complète du génie analytique des
langues romanes. On ne s'est pas borné, en effet, à
y distinguer, comme aux *temps* composés de l'actif,
l'idée fondamentale du verbe et ses modifications
diverses, c'est-à-dire à séparer seulement les éléments *formels* de la pensée ; ce sont les éléments
logiques eux-mêmes qui ont été distingués et expri-
més chacun séparément.

Le latin possédait des verbes appelés *déponents*
qui, avec la forme passive, avaient le sens actif.
L'analogie, cette force régulatrice, sans cesse agis-
sante dans le parler populaire, comme il est facile
de le constater à chaque instant autour de nous,
avait par degrés fait disparaître cette anomalie du

latin vulgaire (1), et tout porte à croire qu'à l'époque du haut moyen âge tous les verbes déponents suivaient dans la langue parlée la conjugaison active, du moins quant à leurs temps simples, car leurs temps composés étaient trop d'accord avec les tendances des langues nouvelles qui se formaient pour ne pas être maintenus, et nous les retrouvons, en effet, parfaitement conservés dans la conjugaison de nos verbes réfléchis et de la plupart de nos verbes intransitifs.

Modes. — 1º *Modes impersonnels.* — Parmi les formes des modes impersonnels, nous avons laissé se perdre l'infinitif passé, le participe futur et le supin. Quant à ce dernier, on pourrait en douter à première vue et croire, au contraire, qu'il a été conservé pour servir, sous le nom usurpé de participe passé, à former dans nos verbes les temps composés du passé. Mais l'histoire de la langue démontre qu'il n'en est rien, et que c'est bien le participe passé et le participe passé seul qui a été employé à cet usage. Seulement, il est probable que le supin avait jeté sur ce participe comme un reflet de sa propre signification, et que, grâce à une confusion que l'identité de forme dut favoriser, on arriva à attribuer à ce dernier les propriétés de son homophone. On verra plus loin, en effet, que dans les temps composés, pour qui veut les analyser en laissant à l'auxiliaire *avoir* sa pleine signification, le participe passé joue absolument le rôle d'un substantif verbal.

(1) On trouve déjà dans Plaute un grand nombre de verbes déponents conjugués *activement.*

Le participe présent et le participe passé ont été l'un et l'autre conservés. Tout ce qu'on a à dire du premier trouvera sa place ailleurs; quant au second, il suffira de rappeler ici que, dans le latin, il avait le sens tantôt actif, tantôt passif, selon qu'il appartenait à un verbe déponent ou à un verbe transitif, et que sa forme, par conséquent, n'avait rien qui le déterminât rigoureusement à une voix plutôt qu'à l'autre. Cela peut expliquer les acceptions particulières dans lesquelles ce participe est pris quelquefois (1) et servir, en outre, à rendre compte de la différence des rôles qu'il joue, d'une part dans les temps composés des verbes actifs, et de l'autre dans la périphrase par laquelle nous avons remplacé la voix passive du latin.

Nous avons, comme toutes les langues congénères, conservé le gérondif. Mais chez nous il s'est confondu par sa forme avec le participe présent, dont il se distingue seulement par son emploi. C'est à cause de cette similitude de forme que les grammairiens n'admettent pas ce mode dans notre conjugaison, ce qui les oblige à attribuer au participe présent le double rôle d'un adjectif et d'un substantif verbal.

2° *Modes personnels.* — Parmi les *temps* des modes personnels, la langue française n'en a dérivé que six du latin classique. Tous les autres ont été composés, d'une part avec l'infinitif ou le participe

---

(1) **Ex.** : *Homme osé, homme entendu.* — En espagnol : *Hombre leido* = *homme instruit, (qui a) lu;* au contraire, *libro leido* = *livre (qui est) lu.*

passé de chaque verbe., de l'autre avec les temps simples soit de l'auxiliaire *avoir*, soit de l'auxiliaire *être*. Nous allons examiner successivement les uns et les autres, en les étudiant d'abord dans les verbes qui conjuguent avec *avoir* ▮▮urs temps composés du passé. Nous les ▮▮sidér▮ ▮ premièrement en eux-mêmes et abstr▮ ▮on, fa▮ ▮peu près complète de leur origine et, ▮▮ur ainsi ▮ ▮e, de leur génération naturelle. La théorie et l'analyse de ces formes en précédera l'histoire. Les causes prochaines, ainsi momentanément écartées, laisseront apparaître plus clairement les raisons profondes qui les dominent et le génie caché dont elles ne sont que les agents. L'on verra mieux aussi de la sorte la symétrie, trop méconnue, de notre conjugaison, comme on se rend mieux compte des proportions d'un édifice rebâti en le confrontant seulement au plan de l'architecte, qu'en compliquant cette étude de la recherche des motifs qui ont déterminé l'emploi des matériaux mis en œuvre et de la place qu'occupaient ces matériaux dans la construction primitive des ruines de laquelle on les a tirés.

CHAPITRE DEUXIÈME.

THÉORIE DES TEMPS.

La durée, dans sa totalité, se divise naturellement ainsi : 1° le moment actuel, 2° tout le temps qui a précédé ce moment, 3° tout le temps qui doit le suivre. De là, dans le verbe, pour marquer ces temps, trois formes distinctes, qui sont : 1° le *présent*, 2° le *parfait*, 3° le *futur*, et que l'on appelle *temps* (1) principaux ou absolus.

De ces trois temps, le premier seul, ne comprenant que l'instant de la parole, n'est pas susceptible d'être divisé. Quant aux deux autres, on y peut évidemment introduire des subdivisions sans nombre. L'usage n'en a cependant établi que quelques-unes. Les formes verbales qui y correspondent s'appellent *temps* secondaires. Ce sont, pour le passé : l'*imparfait*, le *prétérit*, le *plus-que-parfait*, le *parfait antérieur ;* et pour le futur, seulement le *futur antérieur* (2). On ne sera pas étonné que nos verbes n'aient que deux *temps* pour le futur, lorsqu'ils en ont cinq pour le passé, si l'on considère combien la

---

(1) Ce mot sera imprimé en italique dans tous les cas où il sera pris dans son acception grammaticale.

(2) Je néglige les formes surcomposées, telles que *j'ai eu aimé*, qui sont d'ailleurs peu usitées.

détermination des époques, facile pour le passé, est difficile, au contraire, pour le temps à venir. Aussi, bien que le futur soit divisible en autant de moments au moins que le passé, comme ces moments n'apparaissent pas distinctement à notre pensée, il s'ensuit qu'ils doivent demeurer également indistincts dans la langue.

I. — *Modé indicatif.* — *Temps principaux.*

Ces *temps* expriment 1° le présent, un rapport de simultanéité absolue au moment actuel, 2° le parfait, un rapport d'antériorité absolue, 3° le futur, un rapport de postériorité absolue au moment actuel : *Je lis, j'ai lu, je lirai.* Aucun accessoire n'est nécessaire pour compléter la détermination de la partie de la durée qu'ils indiquent ; ils contiennent en eux-mêmes cette détermination ; ce sont des *temps* à rapport simple, et le terme commun de ce rapport est le moment actuel.

Le présent devant exprimer un rapport de simultanéité absolue au moment actuel, en d'autres termes, un rapport d'identité entre le moment actuel et celui que ce *temps* désigne, la logique voulait qu'il fût simple. Et le fait est ici parfaitement d'accord avec la logique, car ce *temps* est simple en effet, n'étant autre chose que la forme latine correspondante, modifiée conformément aux lois de la phonétique et de l'analogie.

Le même accord entre la logique et les faits se remarque aussi dans le parfait et dans le futur qui, exprimant l'un et l'autre un rapport entre deux termes nécessairement distincts, laissent également distincts, dans les formes composées qui les constituent, les signes des deux termes de ce rapport. C'est ce que va montrer clairement l'analyse de ces deux *temps*.

Ils sont formés, le premier du participe passé, le second de l'infinitif, combinés avec le présent de l'indicatif du verbe *avoir*. Quelle est, dans la signification temporelle de ces formes composées, la part de chacun de leurs éléments ? Nous allons essayer de le déterminer et de reconnaître ainsi le rôle de l'auxiliaire *avoir* dans la conjugaison de la langue française.

Le parfait, avons-nous dit, doit marquer un rapport d'antériorité absolue au temps présent. Ainsi, il a trois choses à exprimer : 1° la nature du rapport, 2° sa qualité, 3° son terme. Or, dans *j'ai lu*, *lu* (participe *passé*) indique évidemment que le fait a eu lieu dans un temps passé, et il ne peut pas indiquer autre chose ; l'auxiliaire doit donc indiquer de son côté que le moment de la durée par rapport auquel je conçois cette action comme passée est le moment actuel et, uniquement, absolument, le moment actuel. Généralisant cette proposition, nous dirons dès à présent, et tout ce qui va suivre achèvera la démonstration, que, dans les formes composées des verbes français, l'élément emprunté au verbe marque, outre l'idée même de ce verbe (comme le radical dans les formes simples), la nature du rapport temporel à exprimer, c'est-à-dire si l'époque que l'on désigne est conçue comme passée ou future, et le second élément, l'auxiliaire,

marque, outre les circonstances de personne, de
nombre et de mode, le terme et la qualité de ce
rapport, c'est-à-dire à quel moment, plus ou moins
déterminé de la durée, l'époque indiquée est conçue comme antérieure ou postérieure. Il s'ensuit
que l'auxiliaire dépose en composition, outre sa
signification fondamentale, la signification temporelle propre à ses diverses modifications; qu'il ne
garde plus, en un mot, que la valeur d'un affixe
dont le rôle se restreint à désigner le mode, la
personne et le nombre, à l'exclusion du temps (1),
seule particularité qui le distingue, comme nous
l'avons déjà constaté, des flexions des formes simples, lesquelles désignent à la fois ces quatre circonstances.

Nous venons de montrer que dans *j'ai lu*, *j'ai* n'a
d'autre rôle, quant à la signification temporelle
de cette forme, que de marquer le terme et la qualité (absolue) du rapport d'antériorité exprimé par
lu. Dans *je lirai*, son rôle est le même. C'est donc
l'infinitif qui dans cette nouvelle composition est
destiné à marquer le temps. Cet emploi eût naturellement convenu au participe futur; mais notre
langue, n'ayant pas gardé cette forme, a dû en employer une autre, et elle a pu, sans causer aucune
confusion, faire choix de l'infinitif. Il y a d'ailleurs
à ce choix, sans parler des motifs historiques qui
seront exposés plus loin, il y a, dis-je, à ce choix,

---

(1) Il est bien facile, d'ailleurs, de reconnaître à première vue que
dans aucune des formes composées où le verbe *avoir* entre comme
élément, il n'introduit la signification temporelle qu'il possède dans
son existence indépendante.

parfaitement instinctif d'ailleurs comme tous les phénomènes de sélection naturelle, une raison philosophique qu'il faut indiquer ici. Le temps propre à l'homme, celui où s'exerce son activité, ce n'est pas le passé, ce n'est pas non plus le présent, qui est déjà passé lui-même du moment qu'on le nomme, c'est le futur. Aussi, comme nous sommes portés à exprimer une idée, quand nous la considérons en elle-même, sous une forme verbale, c'est-à-dire à nous la figurer en *acte*, cette forme elle-même, indéterminée, c'est-à-dire à l'infinitif, doit nous apparaître dans le *devenir*. On conçoit donc *à priori* que l'infinitif, forme absolue du verbe, apporte avec lui, dans les *temps* qu'il concourt à former, l'idée du futur (1).

En résumé, le participe passé entraînant avec lui l'idée du passé, l'infinitif l'idée du futur, il a suffi de joindre à chacun d'eux le signe du point commun de repaire auquel l'un et l'autre sont rapportés, c'est-à-dire le *présent* de l'auxiliaire, pour composer le *parfait* et le *futur* absolus, en sorte qu'on a eu pour le parfait : *j'ai lu*, pour le futur : *j'ai lire*, ou, en transposant les deux éléments, comme l'a préféré l'usage : *je lirai*.

---

(1) On sait, d'ailleurs, que l'infinitif est pris souvent pour un impératif futur. Cet emploi de l'infinitif est habituel dans la langue administrative et militaire. Il était commun en grec, et la vieille langue française en usait très fréquemment, même avec la négation, comme cela a lieu encore en italien.

II. — *Mode indicatif (suite)*. — *Temps secondaires*.

A. — Temps secondaires du passé.

Nous savons déjà qu'on en compte quatre : 1° l'*imparfait*, 2° le *prétérit ou parfait défini*, 3° le *plus-que-parfait*, 4° le *parfait antérieur*. Ils expriment tous en général, comme le parfait absolu ou indéfini, un rapport d'antériorité au moment actuel, et de plus, chacun d'eux en particulier, un rapport secondaire entre deux moments quelconques du passé. Les deux premiers de ces *temps* sont simples, les deux autres sont composés, et l'on verra plus loin que leur forme est, de même que celle des *temps* principaux, le reflet exact de la signification temporelle qui leur est propre (1), ceux qui sont simples exprimant un rapport de simultanéité, par conséquent dont les deux termes se confondent, ceux qui sont composés, un rapport d'antériorité, par conséquent dont les termes restent distincts.

a. Imparfait. — Ce *temps* est, comme le présent, dérivé de la forme latine correspondante. Il exprime le plus souvent un rapport de simultanéité à un temps passé : *Je lisais quand vous vîntes;* il marque une action non encore terminée au moment où l'on parle ou que l'on rappelle; il peut donc en certains cas désigner même une époque actuelle. Aussi est-ce de toutes les formes personnelles du

(1) Je veux dire du rapport *secondaire* qu'ils expriment, le seul dont l'expression leur soit propre en effet, celle du rapport général d'antériorité au moment actuel leur étant commune avec le *parfait absolu.*

verbe celle qui, si aucun accessoire ne l'accompagne, laisse la notion du temps dans la plus grande indétermination. Cela explique l'usage si commun de cette forme au début des langues, et comment elle usurpe, dans les monuments primitifs et populaires de quelques littératures, non-seulement le rôle de tous les *temps* du passé, mais encore celui du présent (1). L'époque qu'elle désigne spécialement est un temps intermédiaire entre le présent et le passé et participant de l'un et de l'autre, un temps *incertain* par conséquent. Le parfait indéfini, au contraire, s'il laisse également indéterminé le moment particulier qu'il rappelle, désigne du moins avec certitude et exclusivement une période écoulée. Quant au présent, non-seulement il désigne avec certitude, mais encore il détermine rigoureusement, par cela seul qu'il le désigne, le moment de l'action ou du fait énoncé, c'est-à-dire le moment actuel. Aussi, pour transporter aux formes du verbe ce que nous avons dit des époques qu'elles désignent, nous qualifierons le présent de *temps* certain et l'imparfait de *temps* incertain par excellence.

b. Prétérit ou *parfait défini.* — Ce *temps* marque un rapport de simultanéité ou même de postériorité immédiate ou prochaine à un temps passé. Il se distingue de l'imparfait en ce qu'il ne désigne jamais qu'un fait accompli, une période écoulée, et du parfait en ce que l'époque qu'il désigne doit être toujours déterminée.

---

(1) Voir entre autres les poèmes homériques, le poème du *Cid*, le *Romancero* espagnol.

La langue latine, d'où cette forme du passé est directement tirée, lui attribuait à la fois les rôles confondus du parfait défini et du parfait indéfini, au contraire de la langue grecque qui, plus analytique, avait soigneusement distingué ces deux rôles et créé pour chacun d'eux une forme différente.

Il est naturel que les langues néo-latines, et particulièrement la langue française, que l'esprit d'analyse anime et pénètre entre toutes, aient fait à leur tour la même distinction que la langue grecque. Nous avons appelé parfait indéfini le temps correspondant au *parfait* des Grecs, et parfait défini celui qui répond à leur *aoriste*. Comme ce dernier mot signifie précisément *indéfini*, on peut trouver étrange que des formes dont l'emploi est identique aient reçu des noms si contraires. Cette apparente contradiction vient de ce qu'en français le mot *défini* se rapporte au temps considéré comme moment de la durée, tandis qu'en grec le mot *aoriste* se rapporte au *temps* considéré comme forme du verbe. Cette forme, en effet, par elle-même et sans le secours d'accessoires, est impuissante à déterminer suffisamment l'époque précise, *définie*, que l'on veut indiquer (1).

c. *Plus-que-parfait.* — Ce *temps* est composé du participe passé du verbe et de l'imparfait de l'auxiliaire *avoir*. Il marque un rapport d'antériorité

---

(1) La langue roumonsche est la seule des langues romanes qui n'a pas conservé le parfait latin. Il faut voir, je crois, dans l'abandon de cette forme, une influence germanique. L'allemand, on le sait, n'a pas de forme correspondante à notre parfait défini, c'est-à-dire de parfait simple.

indéterminée à un temps passé : *J'avais dîné quand il arriva.* Nous avons établi ci-dessus que, dans les formes composées, la notion d'antériorité est introduite par le participe, et que le reste de la signification, à savoir le terme du rapport exprimé et sa qualité, est le propre de l'auxiliaire. Ainsi, dans le cas présent, *dîné* indiquant que l'action de dîner est passée, c'est *avais* qui doit indiquer 1° qu'elle est passée par rapport à un temps écoulé lui-même, et 2° qu'elle a précédé ce temps d'une durée indéterminée, double rôle que joue, en effet, cet auxiliaire et qui lui revenait de droit, en raison du caractère particulier d'indétermination que nous avons reconnu à l'imparfait.

Observons ici qu'il existe entre notre plus-que-parfait et le plus-que-parfait latin une remarquable analogie de formation. Dans *amav-eram*, je distingue *amav* qui, comme radical du parfait, a la même signification absolue que notre participe *aimé*, exprime comme ce participe un rapport d'antériorité, plus *eram* qui, déposant, comme *avais*, sa propre signification temporelle, ne marque plus, comme notre auxiliaire, que le terme et la qualité de ce rapport.

Il est intéressant de remarquer qu'il en est tout autrement du parfait latin. Dans *amavi* on trouve 1° le radical du verbe, 2° le parfait de *sum*, *fui*. En sorte qu'ici la signification temporelle propre de *fui* est la même que celle du *temps* qu'il concourt à former. Pourquoi ? Parce que le radical auquel *fui* est accolé n'a par lui-même aucune signification temporelle, et qu'il est, par conséquent, nécessaire

que le suffixe qu'on y joint, outre la détermination
de la personne, du nombre, du mode, y apporte
aussi celle du temps.

Au moment où les langues romanes se dégagèrent
du latin, elles retinrent le plus-que-parfait de cette
langue, mais toutes n'en firent pas le même usage.
L'espagnole et la portugaise sont les seules qui
l'aient conservé jusqu'à nos jours; elles l'emploient
concurremment avec la forme composée (1) et lui
font jouer, en outre, le rôle du conditionnel, de
même qu'autrefois l'italien et le provençal. Dans les
autres langues romanes, l'usage s'en perdit de très
bonne heure. On n'en trouve d'exemples en français
que dans des poèmes du Xe et du XIe siècle (2), et,
cela est très remarquable, avec la signification
temporelle du parfait défini.

Le maintien du plus-que-parfait latin avec sa
signification originaire aurait, en effet, détruit
toute l'économie, toute la symétrie de la conjugaison
française, et il devait répugner au génie particulièrement logique de notre langue, à l'instinct naturel
de régularité qui la caractérise entre toutes, de
laisser attachée à une forme simple la notion du

---

(1) Cela n'est absolument vrai que du portugais. Le castillan moderne n'emploie plus que très rarement et d'une manière archaïque
la forme simple du plus-que-parfait dans sa signification étymologique. Mais aux XVIe et XVIIe siècles, un pareil emploi de cette forme
était encore très habituel.

(2) La *Cantilène de sainte Eulalie*, la *Passion*, la *Vie de saint
Léger*, la *Vie de saint Alexis*. Ce dernier poème n'en offre qu'un seul
(st. 25). Il n'est pas inutile de faire remarquer que la *Passion* et la
Vie de saint Léger n'appartiennent pas à la pure langue d'oïl. Le
dialecte de ces poèmes est intermédiaire entre cette langue et la langue d'oc.

plus-que-parfait, c'est-à-dire d'un *temps* exprimant un rapport temporel de différence, lorsque tous les *temps* simples de sa conjugaison exprimaient un rapport temporel d'identité.

Le plus-que-parfait latin ne fut donc conservé qu'à la condition de jouer le rôle du prétérit. Mais cette forme se trouva faire ainsi double emploi avec celle qui était dérivée du parfait latin ; elle devait donc être et elle fut, en effet, promptement délaissée ; mais elle ne le fut complétement que dans la langue écrite, car les patois, au lieu de la sacrifier entièrement à sa rivale, retinrent une portion de chacune d'elles pour constituer le *temps* unique qu'ils édifièrent sur leur ruine commune. Ce compromis, qui paraît avoir été un fait général dans les patois de la langue d'oïl et aussi de la langue d'oc (y compris le catalan), eut lieu pareillement dans la langue roumaine (1).

d. Parfait antérieur. — Ce *temps* exprime un rapport d'antériorité immédiate ou prochaine, par conséquent définie à un temps passé : *Quand j'eus dîné, il arriva.* Cette signification résulte des élé-

---

(1) Les patois de la langue d'oïl ont pris du *parfait* les trois personnes du singulier, du *plus-que-parfait* les trois personnes du pluriel. Il en a été de même du roumain. — Le patois limousin, et sans doute aussi quelques autres patois de la langue d'oc, ont pris, en outre, la deuxième personne du singulier de ce dernier *temps*. — Dans les patois plus méridionaux, le gascon et le provençal, par exemple, la première personne du singulier a été également empruntée au *plus-que-parfait*. Il n'y a, dans ces patois, que la troisième personne du singulier qui dérive certainement du *parfait*.

Voici le paradigme de ce temps hybride dans la langue roumaine et dans plusieurs de nos patois. Je place en regard les flexions latines

ments mêmes qui le constituent, savoir le participe
du verbe et le parfait défini de l'auxiliaire, le participe indiquant, comme dans les compositions pré-
cédentes, que l'action est passée, et l'auxiliaire qu'elle
est passée par rapport à une époque écoulée elle-
même et déterminée. Ainsi, de même que l'imparfait a communiqué son caractère d'indétermination
au plus-que-parfait, de même le parfait défini a
donné au parfait antérieur le caractère de détermination qui le distingue.

Le latin, qui n'avait pas de forme particulière
pour le passé défini, n'éprouva pas le besoin d'en
avoir une pour le passé antérieur défini, temps que
désigne notre parfait antérieur (1). Aussi le plus-

---

de la quatrième conjugaison, parce que ce sont celles, comme on le
verra plus loin, que les patois, en général, ont préférées.

LATIN.		ROUMAIN.	BERRICHON & POITEVIN.	SAINTON-GEOIS.	LIMOUSIN.	PROVENÇAL.
Parfait.	Plus-que-parfait.					
ivi.	ieram.	iiu.	i.	i.	i.	ere.
isti.	ieras.	ii.	is.	is.	* ireis.	eres.
ivit.	ierat.	i.	it.	it.	it.	et.
	ieramus.	iràm.	irions.	iyons.	irem. ?	erem.
	ieratis.	iràtsi.	iriez.	iyez.	ireiz. §	eres.
ierunt.	ierant.	irà.	* iriant.	* iyant.	iren.	eron.

Dans les formes marquées d'un astérisque, l'accent s'est déplacé. —
On remarquera que l'r de la flexion latine, qui ne fait que se mouiller
dans le Poitou et dans le Berry, se fond en voyelle dans la Saintonge.
Cette fusion complète de la liquide r est un des caractères de la pho-
nologie saintongeoise. On la retrouve d'ailleurs dans d'autres langues
et dialectes, l'italien par exemple et le gascon. Cf. le sanscrit, où r
est voyelle.

(1) La langue roumonsche n'ayant pas conservé le parfait latin, n'a
pas de parfait antérieur. — Le roumain n'a pas non plus ce dernier
temps, bien qu'il ait un parfait simple.

que-parfait qui répond, comme on l'a vu plus haut, à un passé antérieur indéfini, joue-t-il dans cette langue le double rôle que se sont partagé dans la nôtre le parfait antérieur et le plus-que-parfait.

B. — Temps secondaire du futur.

Le futur n'a qu'un *temps* secondaire, le futur antérieur, formé du participe passé du verbe et du futur absolu de l'auxiliaire *avoir*. Ce *temps* exprime, comme le futur absolu, un rapport de postériorité au moment actuel, et, de plus, un rapport secondaire d'antériorité à une époque future. Aussi se rattache-t-il, par sa forme, en français comme en latin et en grec, à la série des *temps* du passé (1), en grec par le redoublement, en latin par le radical qui est celui du parfait, en français par le participe passé. Mais tandis que, dans les *temps* du passé proprement dit, le participe désigne toujours réellement, objectivement, une époque écoulée, ici il ne désigne qu'un passé éventuel, subjectif. Ainsi, envisagé au point de vue de la durée absolue, par rapport au moment présent, le futur antérieur est bien un *futur;* mais conçu subjectivement, sous le point de vue dominant de celui qui l'emploie, c'est un *temps* du passé. Le langage, ne l'oublions pas, ne représente pas les choses comme elles sont en soi, mais comme elles apparaissent à notre esprit.

---

(1) Dans les *temps* secondaires, nous l'avons déjà observé, la signification secondaire de ces *temps,* la seule qui leur soit propre, est aussi la seule que leur forme accuse.

C'est un miroir qui ne réfléchit qu'une image déjà réfractée.

III. — *Mode conditionnel.*

a. *Conditionnel présent.* — La langue latine, qui n'avait pas de forme particulière correspondante à notre mode conditionnel, y suppléait par le subjonctif. Le besoin de distinguer plus nettement les circonstances et d'éviter la confusion qui pouvait résulter de l'emploi d'une même forme dans des cas différents fit créer le conditionnel d'après l'analogie du futur. Ce *temps* fut composé, en effet, de l'infinitif du verbe joint à l'imparfait de l'auxiliaire *avoir*. Si l'on se rappelle ce que nous avons dit précédemment, d'une part sur les rôles respectifs de l'infinitif et de l'auxiliaire en composition, de l'autre sur la signification de l'imparfait, on pourra conclure *à priori* des éléments de ce *temps* composé qu'il exprime un rapport de postériorité indéterminée à un moment quelconque de la durée. C'est là, en effet, la signification temporelle du conditionnel : *Je lirais ce livre si vous me l'aviez apporté,* — *si je l'avais,* — *si vous me l'apportiez demain.* L'action de lire est subordonnée à une condition ; elle ne peut donc être que postérieure à la réalisation de cette condition : voilà le rapport de postériorité marqué, comme au futur, par l'infinitif ; le terme du rapport, un point vague, mobile, d'une époque illimitée, marqué comme au plus-que-parfait (1), par l'auxi-

---

(1) Au plus-que-parfait, le terme du rapport est toujours un temps passé. Ici il peut être le moment présent et même un temps futur. Mais

liaire. Mais on ne sait si l'action de lire aura lieu tout de suite ou plus tard : qualité du rapport, *indéterminée*, marquée encore, comme au plus-que-parfait, par l'imparfait de l'auxiliaire, la plus indéterminée, la plus incertaine de toutes les formes du verbe.

Telle est l'explication de la signification temporelle du conditionnel. Mais nous savons qu'en employant ce *temps*, on ne veut pas seulement exprimer un rapport de postériorité indéterminée à un moment indéfini ; on veut, en outre, exprimer un rapport éventuel. Or, qu'est-ce qui introduit dans cette forme la notion d'éventualité ? C'est d'abord le premier élément, l'infinitif, lequel, on le sait, marque le futur. L'idée d'éventualité, de conditionnalité, de doute est inhérente au temps à venir. Le futur lui-même a souvent, non-seulement implicitement (il l'a toujours), mais explicitement, le sens conditionnel : *Je lirai ce livre si on me l'apporte.* — Le conditionnel : *Je lirais ce livre si on me l'apportait,* exprime la même chose avec moins d'assurance, voilà tout. Or, cette différence de degré s'explique naturellement par les qualités différentes des rapports marqués par le second élément de chacune de ces formes composées, l'auxiliaire *ai* introduisant dans la première l'idée de certitude propre au pré-

---

l'imparfait n'en est que plus apte à le désigner : lorsque les langues romanes formèrent le conditionnel, l'usage de l'imparfait n'était point encore limité, et sa signification temporelle était, comme nous l'avons déjà observé, la plus vague et la plus flottante possible. Aussi ce *temps* dut-il paraître plus propre encore au rôle qu'il joue au conditionnel qu'à celui qu'il remplit au plus-que-parfait.

sent, l'auxiliaire *avais* communiquant à la seconde
l'idée d'incertitude essentielle à l'imparfait.

S'il y avait une symétrie complète entre la série
des *temps* composés avec le participe passé et celle
des *temps* composés avec l'infinitif, nous aurions,
dans cette dernière, un *temps* correspondant au
parfait antérieur, comme nous en avons un (le conditionnel présent) correspondant au plus-que-parfait. Cette parfaite symétrie, qui n'existe pas et n'a
jamais existé en français, non plus qu'en provençal,
ni dans les langues de la péninsule espagnole, l'italien l'a présentée autrefois. Cette langue a eu simultanément une forme composée avec l'imparfait et
une autre avec le prétérit de l'auxiliaire ; mais l'une
et l'autre servaient au même usage, celui du conditionnel présent (1). On les trouve usitées concurremment et côte à côte dans les monuments primitifs
de cette langue, et il paraît, d'après les textes du
XIIe siècle et de la première moitié du XIIIe, que
la forme avec l'imparfait était alors la plus habituelle. Mais de très bonne heure la forme avec le
prétérit devint prépondérante, et il ne reste plus
dans la langue actuelle que de rares débris de la
première.

b. *Conditionnel passé.* — Nous avons vu qu'à l'aide
du futur de l'auxiliaire *avoir*, temps composé lui-
même, mais qui, grâce à la réunion facile de ses

_____

(1) Il y avait sans doute entre *amerei* et *ameria* la même différence *virtuelle* qu'entre le parfait antérieur et le plus-que-parfait.
Mais tout démontre que, dans l'usage, on n'en voyait aucune, non
plus d'ailleurs qu'entre ces deux dernières formes dont l'emploi dans
toutes les langues romanes est resté fort longtemps incertain.

éléments constitutifs, prit tout de suite ou de bonne
heure l'apparence d'un *temps* simple, la langue française forma, en le combinant avec le participe passé
de ses verbes, un second futur qu'on appelle futur
antérieur et qui se rattache aux *temps* du passé par
sa signification secondaire comme par sa forme. De
même, le conditionnel présent une fois formé, la
langue française combina ce temps de l'auxiliaire
avec le participe passé pour former un conditionnel
passé. Ce dernier temps appartient par conséquent,
comme le futur antérieur, à la série des *temps* du
passé. Il exprime un rapport éventuel d'antériorité
à une époque incertaine, et cette signification résulte
des éléments qui le constituent, le participe passé
marquant le rapport d'antériorité, et l'auxiliaire
indiquant 1° que ce raport est éventuel, 2° qu'une
époque incertaine en est le terme.

IV. — *Mode subjonctif.*

a. Présent. — Ce *temps* est dérivé de la forme
latine correspondante.

b. Imparfait. — Ce *temps* est aussi dérivé du
latin, mais non pas du *temps* correspondant. C'est
le plus-que-parfait latin qui a servi à le former, su-
bissant ainsi à peu près la même fortune que le
plus-que-parfait de l'indicatif, dont la langue française, nous l'avons vu ci-dessus, ne retint quelque
temps la forme qu'en lui assignant une signification temporelle moins éloignée. Mais comme celle-
ci faisait double emploi avec le prétérit, on la dé-
laissa de bonne heure, tandis qu'on dut conserver

la forme correspondante du subjonctif, pour remplacer l'imparfait latin de ce mode qui n'avait donné aucun dérivé dans la langue française (1).

c. *Parfait* et *plus-que-parfait*. — Ces deux *temps* sont composés du participe passé du verbe combiné, pour le premier, avec le présent du subjonctif, pour le second, avec l'imparfait du même mode de l'auxiliaire. Chacun de ces éléments joue ici le même rôle temporel qu'à l'indicatif. Je renvoie donc à ce qui a été dit ci-dessus sur ce sujet.

V. — *Résumé.*

Le tableau ci-après, placé ici comme résumé et conclusion de ce qui précède, rendra sensible aux yeux la symétrie de notre conjugaison. Le plan d'après lequel elle est construite n'est ni moins ingénieux ni moins régulier que celui de la conjugaison latine, mais il est différent, et c'est pour n'avoir pas reconnu cette différence que l'on n'a vu que le désordre d'une ruine dans ce qui n'est en effet qu'une nouvelle et peut-être plus logique disposition des parties.

---

(1) Le même changement d'attributions eut lieu pour le même motif dans les autres langues néo-latines, excepté toutefois dans la langue roumaine, qui conserva à cette forme sa signification temporelle, mais la fit passer d'un mode à l'autre. Elle sert dans cette langue pour le plus-que-parfait de l'indicatif.

	RAPPORT TEMPOREL D'IDENTITÉ. — Formes simples.	RAPPORT TEMPOREL DE DIFFÉRENCE. Formes composées	
		avec le participe passé. Rapport d'antériorité.	avec l'infinitif. Rapport de postériorité.
TEMPS PRINCIPAUX. — Rapport au moment présent.	*Présent.* — Ai.	*Parfait.* — ai Chanté.	*Futur.* — Chanter ai.
Rapport à un moment indéfini (le plus souvent passé).	*Imparfait.* — Avais.	*Plus- que-parfait.* — avais Chanté.	*Conditionnel.* — Chanter (av)ais.
Rapport à un moment passé défini.	*Prétérit.* — Eus.	*Parfait antérieur.* — eus Chanté.	*Conditionnel.* — *Canter e(bb)i* [1].

(TEMPS SECONDAIRES.)

(1) Nous plaçons ici cette forme exclusivement italienne, comme on pratique une fausse fenêtre dans un édifice pour compléter la symétrie. (Voir ci-dessus, page 28.)

CHAPITRE TROISIÈME.

THÉORIE DES TEMPS (SUITE). — DES VERBES CONJUGUÉS
AVEC L'AUXILIAIRE ÊTRE.

Il reste, après ce qui précède, peu de chose à
dire de la conjugaison des verbes qui empruntent
l'auxiliaire *être* pour former leurs *temps* du passé.
Il suffira d'observer qu'ils les composent avec leur
participe passé d'une part, et de l'autre les *temps*
de l'auxiliaire *être* correspondants à ceux de l'auxiliaire *avoir* que nous venons de voir employés.
L'auxiliaire *être* dépose donc lui aussi sa propre
signification temporelle et, sauf qu'il marque un
état plutôt qu'une action, il joue absolument, dans
les temps composés des verbes intransitifs et réfléchis qu'il concourt à former, le même rôle que nous
avons reconnu à l'auxiliaire *avoir*. Ce qui prouve
qu'il en est bien ainsi, c'est que l'analyse logique,
s'attaquant aux *temps* composés avec *être*, les résout
en les mêmes éléments que les temps composés
avec *avoir* : *Je suis tombé = j'ai été tombant*, comme
j'ai chanté = j'ai été chantant.

Observons ici, dès à présent, qu'il en est tout
autrement dans ce qu'on appelle la conjugaison
passive. Là, *être* conserve sa signification temporelle
entière ; il n'en dépose rien ; c'est lui au contraire

ét lui seul qui marque le temps. Nous reviendrons plus loin là-dessus avec le détail nécessaire.

Nous employons ordinairement l'auxiliaire *être* lorsque le verbe exprime un *état* du sujet, ou que nous considérons le sujet comme souffrant l'action marquée par le verbe; mais il n'y a pas à cet égard de règle absolue, non plus que d'usage uniforme dans les langues romanes. Ainsi, le français et l'espagnol disent *J'ai été (he estado* ou *sido);* l'italien plus justement, comme le peuple en France le fait aussi volontiers, *Je suis été (sono stato).* Le français conjugue avec *être* tous les verbes réfléchis; l'espagnol les conjugue avec *avoir.* L'une et l'autre manières sont également légitimes, puisque le sujet est à la fois actif et passif. Mais l'espagnol le conçoit surtout comme actif, nous comme passif, d'où la différence. C'est aussi la manière particulière dont on envisage le fait exprimé par les verbes intransitifs qui détermine l'emploi de l'un ou de l'autre des auxiliaires : *Cette femme a accouché ce matin,* on pense à l'acte; *Cette femme est accouchée heureusement,* on pense à l'état. Mais ces distinctions sont du ressort de la syntaxe, et nous aurons à y revenir. Observons seulement ici, à l'égard des verbes réfléchis, que conjuguer avec l'auxiliaire *être* des verbes ayant, comme ceux-ci, un complément direct ne constitue nullement une anomalie, comme le croient des grammairiens. L'erreur de ces derniers provient de ce qu'ils ne se rendent pas compte du rôle de l'auxiliaire en composition, rôle qui se réduit, nous l'avons vu, à tenir lieu de flexions. Au parfait comme aux autres *temps* composés, nos verbes ont leur flexion séparée du thème ; cette flexion qui est *ai* si le sujet est agent, se change en *suis* s'il est en même temps patient ; mais il n'y a rien de changé pour cela dans les rapports du verbe avec son complément : dans *je me suis frappé*, par exemple, *me* est le complément de *suis frappé*, comme il le serait de *ai frappé* dans la phrase supposée plus correcte *je m'ai frappé*, comme il l'est de *frappe* dans *je me frappe*, et l'on n'est pas plus fondé à le considérer comme le complément de *suis* dans le premier cas, et de *ai* dans le second, qu'on ne le serait, dans le troisième, à séparer du thème la flexion *e* pour le lui attribuer comme régime. *Je me suis vengé*, pour prendre un autre exemple, est identique, pour la forme comme pour le fond, à *me ultus sum*. Dira-t-on aussi que *me* est ici le complément de *sum* ? évidemment non ; ou qu'il est anormal de donner un complément direct à un verbe auquel un temps de *sum* sert de flexion ? évidemment encore personne ne s'en étonne. Qu'on ne s'étonne donc pas davantage de voir en français des verbes conjugués avec *être*, dans les temps composés desquels cet auxiliaire ne joue pas d'autre rôle que *sum* dans ceux des verbes déponents latins, recevoir comme ceux-ci un complément direct.

Remarquons, en terminant, que le peuple et les enfants conjuguent souvent les verbes réfléchis avec *avoir*. L'ancienne langue faisait parfois de même, mais les exemples (1) qu'on rencontre de cet emploi

---

(1) En voici quelques-uns :
Et mult s'avait pené. (*Thomas le martyr*, v. 204.)

d'*avoir* ne sont que de rares exceptions. La conjugaison avec l'auxiliaire *être* fut de tout temps prépondérante, et elle a de très bonne heure supplanté l'autre dans la langue écrite.

Si s'a mis en une valée. (*Id.*, v. 406.)

Mais Conan s'a bien défendu. (*Rom. de Brut*, v. 6140.)

Trois fois le list, lors s'a pasmé. (*Floire et Blancheflor*, édit. Dumesril, p. 29.)

CHAPITRE QUATRIÈME.

HISTOIRE DES FORMES COMPOSÉES DE LA CONJUGAISON.

Nous avons expliqué dans les chapitres précédents comment les *temps* composés de nos verbes se sont formés, et quelle est, dans la signification de ces *temps*, la part de chacun des éléments qui ont concouru à leur formation. Nous allons maintenant, après cette analyse purement abstraite, montrer comment les langues romanes ont été conduites à attribuer aux verbes *avoir* et *être* les rôles que nous venons de leur reconnaître.

I. — *De l'auxiliaire être.*

Il s'emploie, avons-nous dit, lorsque le sujet du verbe est considéré comme patient. Un pareil emploi s'explique de lui-même par la signification propre et fondamentale de ce verbe : *Je suis tombé hier.* Le participe indique que l'accident a eu lieu dans le passé ; on a longuement expliqué plus haut pourquoi l'auxiliaire est au présent. Il est inutile ici d'y revenir. Remarquons seulement que le latin *sum* avait déjà le même emploi dans les temps composés de la conjugaison passive. *Amatus sum* ne veut pas dire *Je suis aimé*, mais *J'ai été aimé*, on *m'a aimé* (1). C'est-à-dire que là, comme dans nos verbes intransitifs ou réfléchis, *sum* déposait sa signification temporelle et jouait le rôle d'une simple flexion. L'emploi de *être* comme auxiliaire était donc conforme à tous les usages de la langue latine, et l'on n'avait en particulier qu'à transporter les procédés de la conjugaison des verbes passifs et déponents à celle de nos verbes intransitifs pour former les temps composés de ces derniers : *Je suis parti* = *profectus sum*. Il y a correspondance exacte et rigoureuse. Mais cette correspondance, ne l'oublions pas, ne se maintient pas au passif, où *je suis aimé* = *amor*, — *j'ai été aimé* = *amatus sum*.

II. — *De l'auxiliaire avoir*.

A. — Temps du passé.

Le participe passé indique, nous l'avons vu, sans aucune autre détermination, qu'un événement, un fait quelconque a eu lieu. Or, on conçoit cet événement comme ayant rapport à un sujet, que ce sujet soit ou non la cause de l'événement. On le lui attribue, on le considère comme lui étant propre, il lui appartient. Ainsi s'explique l'emploi de *avoir* dans les temps composés du passé. — *J'ai perdu ma bourse* = *le fait d'avoir perdu ma bourse m'est propre*. Si donc l'on veut analyser rigoureusement cette phrase, en brisant l'unité de sens de la forme composée *j'ai perdu*, on considérera *perdu* comme

---

(1) De même en grec au subjonctif passif : φιλούμενος ὦ = *que j'aie été* (et non pas *que je sois*) *aimé*.

une sorte de substantif verbal abstrait, complément direct de *ai* et ayant lui-même *ma bourse* pour complément. *J'ai quoi? — Perdu. Perdu quoi? — Ma bourse.* C'est donc avec beaucoup de raison, pour le dire en passant, que la langue actuelle laisse le participe invariable au lieu de le faire accorder, comme faisait le plus souvent en pareil cas l'ancienne langue, avec le complément direct du verbe (1). Mais moins logique que ne l'était habituellement celle-ci, ce même participe, qu'elle laisse invariable quand le régime le suit, elle le fait accorder avec lui quand il le précède; ex. : *La bourse que j'ai perdue.* Au lieu de ne voir là, comme il conviendrait, qu'un accident grammatical, dont l'histoire de la langue peut seule rendre compte, les grammairiens ont fait assaut de subtilités pour expliquer par la logique pure cette anomalie et fonder sur des raisons intrinsèques la règle qui la consacre. Vainement, car, dans le second comme dans le premier cas, *perdu* est le complément direct de *ai* et nullement un adjectif, comme on le prétend, qualifiant *bourse* (2). L'espagnol est plus logique et plus con-

---

(1) Cet accord du participe avec le complément était un souvenir du latin, c'est-à-dire que la langue française continuait de suivre l'usage latin, lequel, comme on le verra plus loin, était fondé.

(2) Voir Condillac, *Grammaire*, chap. XXII. — Ce grammairien et beaucoup d'autres, avant comme après lui, ont prétendu attribuer au participe un rôle et des propriétés différentes selon qu'il est suivi ou précédé du régime du verbe. Il me semble évident que dans les deux cas son rôle est le même et que ses propriétés doivent rester identiques. L'analyse logique, d'ailleurs, peut servir à le prouver : *La bourse que j'ai perdue = la bourse que j'ai été perdant,* comme *j'ai perdu ma bourse = j'ai été perdant ma bourse.* Dans les deux cas,

forme à la vérité des choses, qui laisse dans tous les cas le participe invariable.

On voit donc comment les langues romanes ont pu, sans fausser le sens propre d'*avoir* et même sans étendre le cercle de ses acceptions, faire choix de cet auxiliaire pour former les *temps* composés de leurs verbes (1). Elles n'ont eu d'ailleurs, pour cela, qu'à rendre général un des emplois particuliers de ce verbe dans la langue latine. Cette langue employait, en effet, déjà *habere*, dans certains cas, à peu près comme nous l'employons aujourd'hui : *Habeo scriptas litteras*, — *Vectigalia quæ collecta habeo*, — *Habeo pactam sororem meam*, etc. Mais dans de telles phrases il faut remarquer qu'il y a, en général, deux idées exprimées. Par *scriptas habeo litteras*, je dis plus que par *scripsi litteras*, car je fais entendre, en outre, que la lettre écrite est sous ma main. De là, cependant,

---

bourse ou son suppléant est le complément direct de *perdant*, c'est-à-dire du même élément parmi ceux que l'analyse logique à dégagés, et, remarquons-le bien, de l'élément fondamental, de celui qui conserve la signification essentielle du verbe, qui représente son radical. Et il ne saurait en être autrement puisque, dans les deux cas, *bourse* n'est, en effet, que le complément du tout de la forme verbale, *indivisible* quant au sens, *j'ai perdu*, forme que son complément ne devrait jamais pouvoir modifier, puisqu'il n'appartient qu'au sujet d'exercer une telle influence sur le verbe.

(1) Il est employé, au reste, d'une manière presque identique dans beaucoup de locutions où, conservant son existence indépendante, il a pour complément, non pas un nom de chose ou de personne, mais un substantif abstrait : *J'ai faim, j'ai soif, j'ai peur*, etc. Dans *j'ai dormi, j'ai* a pour complément direct le substantif verbal abstrait, muni d'une signification temporelle *dormi*, ni plus ni moins que dans *j'ai sommeil*, il a pour complément direct le substantif, également abstrait, mais non verbal, et dénué de signification temporelle, *sommeil*. — (Voir Egger, *Gram. comp.*, p. 80.)

on arriva facilement à employer *habere* dans beaucoup de circonstances (*habeo pactam sororem,* par exemple) où le complément ne peut pas être considéré comme possédé par le sujet, où il n'y a conséquemment qu'une idée, et de bonne heure, sans doute, on arriva à ne pas séparer dans sa pensée les deux éléments de l'expression de cette idée, en sorte que *habeo* n'eut plus d'autre valeur que celle d'une simple flexion, et que *habeo pactam sororem* ne signifia rien de plus que *desponsavi sororem.* Cet emploi de *habere,* dont on ne trouve dans le latin classique que de rares exemples, était, tout porte à le croire, très fréquent dans les dialectes vulgaires. Ces dialectes vulgaires, cette langue populaire, usuelle, vivante, animée de l'esprit d'analyse, travaillée intérieurement du besoin de distinguer des idées, des nuances que la langue fixée confondait dans la même forme, dut se sentir de bonne heure portée à introduire dans le temps passé des divisions plus nombreuses; de ce besoin naquit le parfait indéfini (1). Au fur et à mesure que cette forme composée gagnait du terrain, l'ancien parfait, l'unique parfait de la langue classique était, par degrés, réduit au rôle qu'il a dans nos langues, celui de l'*aoriste* des Grecs. Les langues romanes, en effet, ne l'oublions pas, procèdent non du latin classique, mais du latin vulgaire, dont elles ne sont après tout que le développement. Ce latin vulgaire, n'ayant

---

(1) Et aussi le parfait antérieur. Quant au plus-que-parfait, on l'a vu plus haut, il n'y eut que substitution d'une forme composée à une forme simple.

plus auprès de lui, après l'invasion barbare, le latin classique pour régulateur, de plus en plus abandonné à lui-même, se corrompit de plus en plus, pour employer l'expression reçue, et les procédés qui avaient été une exception dans la langue fixée devinrent dominants dans ce langage populaire et, par suite, dans les langues romanes qui le continuent.

B. — Futur et Conditionnel.

Nous venons de voir à quel besoin répondait la création d'une seconde forme pour le parfait. Mais quel motif a pu déterminer nos pères à former un futur de toutes pièces, au lieu de conserver simplement celui de la conjugaison latine qui ne s'en distingue par aucune nuance de signification? La raison prochaine et déterminante, pour négliger ici la nécessité plus profonde à laquelle ils obéissaient peut-être inconsciemment et que nous avons plus haut indiquée, fut sans doute une raison phonétique. Par suite, en effet, de l'assourdissement, de l'effacement complet ou à peu près tel, dans la prononciation, des syllabes qui suivaient dans le latin la voyelle accentuée, le futur se serait à peine distingué, sauf les deux premières personnes du pluriel, de l'imparfait de l'indicatif dans les deux premières conjugaisons, et du présent du même mode dans les deux dernières. Ce fut donc la nécessité d'éviter une confusion, nécessité surtout urgente pour un *temps* principal dont la forme doit être nettement caractérisée, qui fit rejeter la forme du latin classique et adopter la forme composée qui la remplaça. Ici encore on n'eut qu'à généraliser un procédé employé déjà, quoique rarement, dans le latin classique, et, qui, selon toute apparence, plus répandu dès les hauts temps dans le latin vulgaire, s'y était fait à la longue une place de plus en plus large et avait complétement remplacé la forme classique à l'époque où les langues romanes se dégagèrent de ce parler populaire. Au lieu de *amabo* on disait *habeo amare* ou *amare habeo;* au lieu de *audiam, habeo audire* ou *audire habeo.* On trouve facilement la raison de cet emploi de *habere* dans un des sens particuliers de ce verbe, sens qu'il a gardé en français et dans les langues congénères et qui est celui de *devoir, être dans l'obligation de...,* avec un infinitif pour complément. Une pareille idée est intimement liée à celle du futur, et l'on s'explique sans peine comment l'expression de la première a pu servir aussi pour la seconde.

Nous pourrions nous arrêter ici dans notre recherche, puisque nous avons atteint le chaînon qui lie le français au latin, le sens particulier qui a conduit à employer *habere* pour former un nouveau futur. Mais il n'est pas inutile de se demander si, abstraction faite de l'usage latin, il est possible de trouver dans la signification essentielle et fondamentale de *avoir,* qui est celle de *posséder,* un motif suffisant de l'emploi qu'on a fait de ce verbe pour former le futur.

Rappelons-nous ce qui a été dit ci-dessus de sa combinaison avec le participe passé et prenons un nouvel exemple. Soit celui-ci : *Je perdrai (= j'ai perdre) ma bourse: Perdre* exprime absolument le fait de la perte de ma bourse, et à la rigueur sans détermination de temps; mais nous avons déjà fait re-

marquer qu'instinctivement nous ajoutons à l'idée
ainsi absolument exprimée l'idée temporelle accessoire de futur. *Perdre ma bourse* fait donc entendre
que le fait de perdre ma bourse aura lieu. Maintenant, rapportant ce fait à un sujet, nous trouvons
que ce fait est propre à ce sujet, et nous établissons
entre l'un et l'autre le même rapport d'appartenance
que nous avons reconnu exister dans l'exemple *j'ai
perdu ma bourse. Ai,* dans les deux cas, a pour complément direct un substantif verbal, par conséquent
abstrait, et susceptible, dans les deux cas, de recevoir lui-même un complément direct.

$$\text{\textit{J'ai quoi?}} \left\{ \begin{array}{l} \textit{perdu — quoi?} \\ \textit{perdre — quoi?} \end{array} \right\} \textit{ma bourse.}$$

Voilà donc, pour conclure, comment on peut
s'expliquer que, sans détourner le moins du monde
le verbe *avoir* de son sens propre et fondamental,
le latin vulgaire et après lui les langues romanes
en aient fait usage pour former le futur de leurs
verbes. Certainement nos pères en employant *habeo*
de cette manière ne faisaient pas le raisonnement
que je viens de faire. Mais ce raisonnement, si on
peut le dire, se faisait tout seul en eux à leur insu.
Ils n'avaient point, en effet, conscience des motifs
d'un pareil emploi de ce verbe ; aussi ne leur appa-
raissait-il plus en composition que dépouillé de sa
signification propre, et, dans la rapidité de la prononciation, sachant qu'ils n'exprimaient qu'une
idée, ils n'attribuaient plus à l'auxiliaire que la
valeur d'une pure flexion.

La preuve qu'il en fut ainsi de bonne heure est

dans le conditionnel présent, formé, comme nous l'avons déjà exposé, de l'infinitif du verbe et de l'imparfait ou (en italien) du prétérit de l'auxiliaire, et où, évidemment, ce dernier ne peut, que dans quelques cas rares et particuliers, garder quelque chose de son sens propre. Car, si l'on peut toujours résoudre le futur en ses éléments sans trop altérer sa signification (*Je chanterai = j'ai à chanter*, etc.), cela est impossible, dans presque tous les cas, pour le conditionnel. *J'aimerais* ne peut se résoudre en *j'avais à aimer*, et encore moins *amerei* en *j'eus à aimer*. Il faut donc reconnaître que lorsque ce *temps* a été formé, par analogie avec le futur, on avait déjà complétement perdu de vue la valeur propre de *habeo* dans la composition *habeo amare*, et que ce verbe *habeo* ne paraissait plus que l'équivalent de l'ancienne flexion. On voit par là que nous n'avons pas eu tort d'aborder l'analyse des formes composées de nos verbes par le côté purement logique et abstrait, de ne pas nous préoccuper, en un mot, de ce que l'auxiliaire *avoir* y avait pu apporter au début de sa signification propre, puisque dans quelques-unes il n'en a jamais rien conservé, et que dans les autres il en a été dépouillé, du moins en très grande partie, de bonne heure et sans doute longtemps avant qu'aucune des langues romanes fût née à l'histoire.

Les éléments des *temps* composés du passé restèrent toujours séparés dans toutes les langues néolatines. Mais il n'en fut pas de même de ceux du futur et du conditionnel. On les accola l'un à l'autre en mettant l'auxiliaire après le verbe, comme une flexion ordinaire, et en le réduisant, pour que l'union fût plus intime, à ses désinences, dans tout le conditionnel et à deux personnes du futur.

Cette union s'accomplit dès le début dans la langue française, comme en témoignent les plus anciens textes, par exemple les *Serments de Strasbourg*. Elle eut lieu pareillement, dès les plus hauts temps, en Italie et en Espagne. Mais elle n'a jamais été, dans les langues de ces derniers pays, non plus que dans le provençal, si complète qu'en français. C'est ainsi qu'on y a souvent transposé les deux éléments du futur et du conditionnel, ou, plus souvent encore, introduit un complément, quelquefois deux, entre ces deux éléments disjoints, mais non transposés. Ex. :

Premier cas : *Los puertos hemos pasare = pasaremos los puertos. (Romancero.)*

Deuxième cas : *Merecer nos los hedes = los nos mercedes.* (Poème du *Cid.*) — *Responderles hia yo = responderia les yo.* (Cervantes : *Don Quijote.*)

Je ne connais en italien aucun exemple analogue aux deux précédents ; je ne sais donc si cette langue a jamais souffert pareille intercalation d'un complément. Mais elle a transposé quelquefois les éléments du futur et du conditionnel. Ex. : *Io vi ho insegnare un remedio certo = insegnerò.* — *Molti ne hanno aver cura = averanno.* Ces deux exemples sont tirés d'une comédie (sans titre) attribuée à Machiavel, où l'auteur paraît avoir visé à reproduire le parler populaire.

Quant au français (1), il ne se rencontre, à ma

---

(1) Je parle de la langue d'oïl pure, car j'ai trouvé un futur à régime

connaissance, dans aucun texte, si vieux qu'il soit,
aucun exemple de l'un ni de l'autre cas.

Remarquons, en terminant, que parmi les idiomes
romans il en est deux, le roumain et le roumonsche, qui ont formé le futur avec un autre auxiliaire
qu'*avoir*, le roumain avec *vouloir (Voiu mancâ = je
veux manger, je mangerai)*, le roumonsche avec *venir
(Vegn ad esser = je viens à être, je serai)*. Il est facile
de reconnaître dans cette dernière formation une
influence germanique, comme dans la première une
influence grecque. L'allemand, on le sait, fait son
futur avec *werden, je deviens*, comme le grec moderne avec θέλω, *je veux*. Le roumain possède cependant une forme composée, comme notre futur,
avec le présent de l'auxiliaire *avoir*, mais il s'en
sert pour le conditionnel présent.

---

intercalé dans un fragment d'un poème sur Alexandre* qui paraît
être du XI° siècle, mais dont le dialecte est trop évidemment hybride
pour que cet exemple, d'ailleurs unique, puisse tirer à conséquence;
le voici :

Contar vos ey pleneyrament.

On voit que ce vers a la physionomie plus provençale que française.

* Publié par M. Heyse dans son recueil intitulé *Romanische inedita auf italienischen Bibliotheken gesammelt.*

CHAPITRE CINQUIÈME.

DE LA VOIX PASSIVE.

La voix passive du latin portait en elle un principe immédiat de destruction. C'était d'abord ses *temps* composés, dont l'exemple devait provoquer l'abandon des *temps* simples, et ensuite la facilité qu'offraient les premiers, par leur double forme, de remplacer les seconds à leurs dépens. Les langues romanes et, avant elles, le latin vulgaire, obéissant à leur tendance analytique, profitèrent de cette facilité : les *temps* composés furent dédoublés et l'on attribua à chacune de leurs formes un emploi différent qui fut déterminé par la signification temporelle de l'auxiliaire. *Amatus sum* signifia *je suis aimé* et remplaça *amor*, et il ne resta que *amatus fui* pour signifier *je fus aimé*. C'est ainsi que tombèrent les *temps* simples du passif latin, et que du même coup ses *temps* composés perdirent leur caractère de formes verbales pour devenir de simples périphrases.

Nous avons déjà annoncé dans notre premier chapitre cette péremption de la voix passive. C'est ici le lieu de revenir sur cette simple annonce et d'insister sur un fait si considérable, en en montrant l'importance. Il est nécessaire pour cela de rappeler quelques notions élémentaires d'analyse logique.

Toute proposition, on le sait, contient nécessairement deux termes : 1° le sujet, 2° l'attribut et, de plus, le verbe qui établit un rapport entre l'un et l'autre en affirmant que l'attribut convient au sujet. Or, la logique démontre qu'il n'y a à proprement parler qu'un seul verbe, le verbe *être*, que l'on appelle pour cela verbe substantif. Mais il est rare que ce verbe soit explicitement exprimé ; le plus souvent il est contenu implicitement dans une expression synthétique appelée aussi verbe, mais verbe attributif, parce qu'elle réunit en elle l'idée du verbe et celle de l'attribut, idées que l'analyse logique seule distingue et sépare. Ainsi, *je lis = je suis lisant*. Une langue analytique parfaite, quant au verbe, serait donc celle qui, distinguant toujours l'idée du verbe et celle de l'attribut, les exprimerait séparément, de manière à rendre inutile cette décomposition de la pensée que l'on est obligé de faire pour se rendre compte du sens rigoureux, pour reconnaître les éléments logiques des formes verbales synthétiques. Cette langue analytique parfaite n'aurait plus qu'un verbe, le verbe substantif *être*, réduit lui-même à sa pure signification logique et privé des autres acceptions qui font de lui, dans l'usage ordinaire, un verbe attributif. Tous les mots de cette langue seraient irréductibles, car chacun représenterait une idée simple, un rapport simple ; chacun des membres de la proposition y serait toujours nettement distingué des deux autres, et le langage serait ainsi l'image fidèle de la pensée pleinement consciente et complétement développée. Tel est l'idéal de la langue analytique parfaite ; eh bien !

cet idéal, les langues romanes l'ont atteint dès le premier jour dans la conjugaison passive : *Je suis aimé, je fus aimé*, etc. Chacune de ces phrases forme une proposition où l'analyse de la pensée est toute faite et complète, et dont chaque mot peut être séparé de son voisin sans rien perdre ni lui rien ôter.

Aussi convient-il de ne pas admettre pour nos verbes de *voix passive*, comme forme particulière de leur conjugaison. Ce qui constitue en effet et caractérise une forme verbale, c'est d'être une modification du thème, moyennant des flexions qui n'ont aucune valeur indépendante, ou à l'aide de verbes auxiliaires qui, privés complétement ou en partie de leur propre signification, ne jouent plus eux-mêmes que le rôle de simples flexions. Or, nous venons de voir que tel n'est pas le rôle de *être* au passif de nos verbes. *Je suis tombé, j'ai aimé* expriment l'un et l'autre une proposition, mais ne l'expriment qu'implicitement, puisqu'il faut que l'analyse logique s'y applique pour dégager le verbe de l'attribut. Ce sont des formes de la conjugaison des verbes attributifs *aimer, tomber. Je suis aimé*, au contraire, n'est pas une forme du verbe *aimer*, car *suis*, ici, n'est point auxiliaire ; il ne prête rien à *aimé*, il n'entre pas dans une combinaison, il garde son indépendance entière et la plénitude de sa signification.

Il y a peu de temps encore, nos grammaires admettaient des cas pour les substantifs : *Pierre, de Pierre, à Pierre.* — On reconnaît aujourd'hui que rien n'était plus déraisonnable, puisque nous avons remplacé leurs flexions casuelles par des prépositions, c'est-à-dire par des mots distincts et indépendants; mais si nous n'admettons plus de cas pour nos substantifs, nous ne devons pas admettre davantage pour nos verbes de voix passive. Si nous jugeons que *de Pierre*, *à Pierre* sont, non des formes diverses du substantif *Pierre*, mais tout simplement une préposition plus un substantif toujours identique à lui-même et dont cette préposition marque une relation, nous ne devons non plus reconnaître dans *suis aimé* qu'un verbe *suis*, plus un attribut dont ce verbe marque la relation avec un sujet, et nous ne sommes pas plus fondés à considérer *suis aimé*, *fus aimé*, etc., comme des *temps* de la voix passive du verbe *aimer*, que *de Pierre*, *à Pierre* comme des cas du substantif *Pierre*.

N'allons donc pas, pour établir entre notre grammaire et celles des langues anciennes une correspondance rigoureuse, pour conserver, en un mot, le cadre de ces dernières, n'allons pas, dis-je, méconnaître les résultats déjà produits par l'esprit analytique qui anime nos langues, et cessons d'employer des dénominations qui ne s'appliquent plus à rien de réel. Il n'y a plus de conjugaison passive, et le paradigme d'une pareille conjugaison devrait disparaître enfin de nos grammaires, comme en a disparu celui de la déclinaison.

DEUXIÈME PARTIE

CHAPITRE PREMIER.

CLASSIFICATION DES CONJUGAISONS ET DIVISION DES TEMPS SIMPLES.

I.

Nous avons dit en commençant que la force plastique qui a organisé notre conjugaison avait fait une œuvre double et dont les deux parties n'avaient pas été simultanées. Nous venons de faire l'analyse et l'histoire des formes composées dont la création constitue la première partie de cette œuvre ; il nous reste maintenant à examiner la seconde.

Rappelons d'abord une règle générale qu'il importe d'avoir présente à l'esprit dans la lecture de ce qui va suivre : Tous les mots restés dans la langue française, au moment où celle-ci se dégageait du latin, conservèrent l'accent tonique sur la voyelle qui le portait en latin (1). Cette règle nous per-

---

(1) C'est, si je ne me trompe, M Egger qui a le premier constaté en France ce fait si remarquable de la persistance de l'accent latin dans les mots français de première formation. C'est du moins grâce à sa grammaire (voir pages 12 et 13) que la connaissance s'en est

mettra de discerner sûrement, parmi les formes de nos verbes, celles qui sont le résultat pur et simple de l'action des lois phonétiques de celles qui sont l'œuvre de la force réparatrice, de l'analogie (1).

Une grammaire latine aurait à distinguer la conjugaison des verbes en *o* pur de celles des verbes contractes, et à faire voir comment celles-ci se ramènent à la première. Mais nous n'avons pas ici à nous préoccuper de cette question. Nos pères sentaient les différences des conjugaisons latines, ils n'en voyaient pas les rapports. D'ailleurs, la prononciation, loin de revenir sur les contractions déjà faites et dont l'on n'avait plus conscience, les multipliait au contraire, et les propageait à des formes qui dans le pur latin n'en souffraient aucune. Ceux donc qui parlaient le latin des bas siècles trouvaient dans cette langue plusieurs manières différentes de conjuguer les mêmes *temps*, et ils les maintinrent dans la langue nouvelle qui se formait. De là en français, dès le commencement (pour négliger ici les flexions des autres *temps*), quatre désinences infinitives, *er* = *áre*, *ir* = *íre*, *re* = *ĕre*, *oir* = *ēre*, que nous avons toujours conservées et sous lesquelles on a coutume de ranger, en quatre divisions très inégales en nombre, tous les verbes de la langue.

répandue. Depuis, la question de l'accent a été étudiée par M. Gaston Paris, dans un ouvrage spécial et excellent, auquel nous renvoyons le lecteur : *Étude sur le rôle de l'accent latin.* (Voir aussi Littré, I, p. 32 et *passim.*)

(1) Les exceptions apparentes à cette règle (on en verra plus loin deux) sont l'indice d'un déplacement de l'accent déjà accompli dans le latin lui-même avant le dégagement des langues romanes.

En même temps que la langue française se dégageait du latin, elle s'organisait sur un nouveau
plan, d'après le type qu'elle portait en elle et sous
l'inspiration de l'esprit d'analyse qui devait lui
donner sa forme et qui réclamait une expression
toujours distincte de l'idée fondamentale et de ses
relations diverses. Les *temps* composés de nos verbes, nous l'avons vu, répondaient pleinement à cette
exigence ; mais il fallait que les *temps* simples conservés du latin pussent pareillement y satisfaire.
Aussi l'un des premiers besoins que notre langue
dut ressentir fut-il celui d'une série régulière de
modifications sensibles, laissant distinguer avec
netteté, dans chaque forme verbale simple, le radical, signe de l'idée, et la désinence, signe des rapports. La troisième conjugaison latine était celle
où cette distinction s'était le plus effacée, parce
que, dans le plus grand nombre de ses formes,
l'accent tonique portait sur le radical et que les
flexions, par suite, avaient disparu ou se confon-
daient pour l'oreille en un même son sourd. Aussi
ne pouvait-elle offrir à la langue nouvelle le modèle
de conjugaison régulière que celle-ci réclamait, et,
bien qu'elle fût en latin le type régulateur, la conjugaison génératrice de toutes les autres, elle dut
non-seulement perdre ce rôle en français, mais
encore recevoir, pour ainsi dire, l'aumône de ses
filles : pour remplacer, en effet, ses flexions effacées,
elle emprunta, comme nous le verrons plus loin,
celles des autres conjugaisons, et il ne lui reste
aujourd'hui de forme qui lui soit propre que son
infinitif.

La première et la quatrième conjugaisons latines (1) offraient, au contraire, à la majeure partie de leurs formes, des flexions accentuées; aussi, quand la nouvelle langue commença à avoir conscience d'elle-même et que, distincte enfin du latin dont elle s'était insensiblement séparée, elle sortit du chaos des transformations confuses où les lois phonétiques jouaient le principal rôle, et que la loi de l'analogie prit à son tour la prépondérance, les seuls modèles entiers dont elle se trouva en possession et qu'elle dut, par conséquent, se proposer exclusivement, tant pour la création ou l'appropriation de ses nouveaux verbes que pour la régularisation de ceux qui existaient déjà, furent d'abord la première conjugaison *(er = áre)*, et ensuite la quatrième *(ir = íre)* (2). Les verbes appartenant originairement à la troisième et à la seconde, c'est-à-dire dérivés de verbes en *ĕre* ou en *ēre* qui n'avaient pas été ramenés par le latin vulgaire à la conjugaison en *ire*, continuèrent d'être en usage, mais le nombre ne s'en accrut pas et beaucoup, au contraire, furent successivement délaissés.

Concluons donc que ces deux dernières conjugai-

---

(1) Je ne parle pas ici de la seconde, car, bien qu'elle offrît plus de désinences accentuées que la troisième, elle se composait, au moment où naissait la langue française, d'un trop petit nombre de verbes pour qu'elle pût par son exemple exercer la moindre influence. Elle était d'ailleurs moins *régulière*, moins *analogique* que la première et la quatrième.

(2) Nous montrerons ci-après que celle-ci ne fut adoptée comme modèle qu'après avoir été refaite à moitié avec des éléments qui lui étaient originairement étrangers ou, du moins, que le latin classique n'avait pas coutume de lui associer.

sons ne sont pas des formes vivantes; les verbes
que l'on y classe font partie du matériel de la langue; ils servent à ses besoins; mais le moule dans
lequel ils furent fondus n'a plus servi, ne servira
plus, car ils le brisèrent, pour ainsi dire, en s'en
dégageant. Aussi convient-il de diviser les conjugaisons françaises en deux grandes classes : premièrement, celle des conjugaisons dont les flexions,
presque toutes accentuées en latin, ont survécu par
conséquent à l'action des lois phonétiques, et sur le
modèle desquelles s'est façonnée et se façonne nécessairement toute idée verbale nouvelle ; deuxièmement, celle des conjugaisons qui, dépouillées par
l'action des mêmes lois de la majeure partie de
leurs flexions principales, n'ont jamais servi de
modèles et n'ont, conséquemment, reçu dans leurs
cadres aucun des verbes dont la langue s'est enri-
chie depuis sa naissance (1); en d'autres termes, la
classe des conjugaisons vivantes et celle des conjugaisons archaïques. Cette dernière classe comprend, nous l'avons déjà dit, tous les verbes en *re*
et en *oir*. On verra plus loin qu'il faut y joindre,
pour un autre motif, un petit nombre des verbes
en *ir*.

II.

Les *temps* simples de nos verbes se divisent,
comme en latin, en deux séries : la première, qui

---

(1) Il va sans dire qu'on ne tient pas compte des verbes composés
non dérivés directement du latin et qui ont été formés après coup
par l'adjonction d'un préfixe aux *primitifs* simples, tels que *entre-
prendre, contrevenir* et autres.

a pour chef le présent de l'indicatif, comprend, en outre, l'imparfait du même mode, l'impératif, le présent du subjonctif, le gérondif et le participe présent. La seconde ne comprend que le prétérit et le subjonctif imparfait. L'infinitif et le participe passé restent en dehors de l'une et de l'autre. Toutes les formes d'une même série, dans les verbes réguliers, se déduisent, d'après des règles fixes, de celle sous laquelle elles se rangent ; mais ni le présent, ni le prétérit, ni l'infinitif, ni le participe passé ne sont liés ensemble par une relation *nécessaire*, bien qu'ils soient entre eux dans des rapports habituellement constants. C'est pour n'avoir pas reconnu cette indépendance mutuelle des temps *primitifs* que beaucoup de grammairiens ont grossi sans mesure la liste de nos verbes irréguliers.

Dès les premiers âges de la langue se manifesta, avec le besoin d'avoir à toutes les formes verbales des flexions sensibles et distinctes du radical, une tendance marquée à exprimer toujours un même rapport par un même signe et, conséquemment, par une même flexion dans les *temps* simples, comme on l'avait fait par un même auxiliaire dans les *temps* composés. Cette tendance menait tout droit à l'unité de conjugaison. Mais elle n'atteignit son but qu'aux *temps* de la première série, dont les flexions sont aujourd'hui les mêmes pour tous les verbes de la langue, sans distinction d'origine (1). Cette uni-

---

(1) Il faut toutefois excepter les trois pers. sing. du présent de l'indicatif et la deuxième de l'impératif, qui sont aujourd'hui en *e* muet dans les verbes en *er* et sans voyelle dans tous les autres. Mais

formité mit quelque temps à s'accomplir. Ce ne fut qu'après des hésitations et, pour ainsi dire, des compétitions assez longues entre les diverses conjugaisons, qu'une sorte de transaction survint, d'après laquelle, moyennant des sacrifices plus ou moins considérables de la part de chacune d'elles, les formes actuelles furent définitivement et exclusivement adoptées.

Cette tentative d'unification avait été favorisée aux *temps* de la première série, d'un côté, par la complète identité ou la grande analogie des formes propres aux mêmes *temps* dans les diverses conjugaisons, et, de l'autre, par le désir d'éviter la confusion qui pouvait résulter de l'emploi de flexions identiques pour exprimer des rapports différents (1). Mais elle ne trouva pas aux *temps* de la seconde série les mêmes chances de succès. Aussi la langue ne parvint-elle pas à ramener à l'unité les flexions de ces *temps* et ne réussit-elle qu'à les réduire à trois : *ai, asse, — is, isse, — us, usse.* — Nous avons conservé ces flexions jusqu'à nos jours, au moins dans la langue correcte, car la marche vers l'unité, comme elle était naturelle et fatale, se poursuivit dans la langue vivante et mouvante, moins asservie

---

la différence est peu sensible à l'oreille. Elle était encore moindre au début de la langue, même pour les yeux, la première personne de l'indicatif présent étant sans flexion dans tous les verbes, et la troisième conservant le *t* étymologique à la première conjugaison comme aux autres.

(1) Ainsi *amus, atis, emus, etis* servaient à la fois pour l'indicatif (*amamus, monemus*) et pour le subjonctif (*legamus, amemus*). La langue française a réservé *ons, ez*, dérivés de *amus, atis*, pour l'indicatif, et *ions, iez*, dérivés de *emus, etis*, pour le subjonctif.

à la tradition, c'est-à-dire dans les patois, où nous voyons que les flexions en *i*, devenues dominantes, se sont imposées presque partout aux verbes de la première conjugaison pour remplacer les flexions en *a* que ceux-ci ont laissé perdre, et se sont substituées, dans beaucoup de verbes en *re* ou en *oir*, aux anciennes flexions en *u*.

CHAPITRE DEUXIÈME.

CONJUGAISONS VIVANTES.

Cette première classe comprend : 1° la conjugaison des verbes en *er*, 2° la conjugaison des verbes en *ir*, sauf un petit nombre dont la liste sera donnée plus loin. Ce sont les seules qui aient jamais servi et qui servent encore à former de nouveaux verbes, la première avec des substantifs, la seconde avec des adjectifs (1). Ce sont aussi les seules sur lesquelles se soient modelés les verbes empruntés aux langues étrangères, soit anciennes, soit modernes. Étant les seuls moules à verbes de la langue française, elles devaient être et elles furent, dès le début, des moules complets. Elles devaient être aussi des moules complétement distincts, puisqu'elles devaient servir à des usages différents. Nous verrons plus loin comment cette nécessité de différenciation a pu se concilier avec la tendance

---

(1) Il y a des exceptions, qui souvent même ne sont qu'apparentes, le substantif et l'adjectif changeant, comme on sait, fréquemment de rôle. Ex.: *Abrutir*, *abêtir*. Mais tel est l'emploi habituel, *normal*, de chacune de ces conjugaisons. Ex. : *Bois*, *boiser* ; *drap*, *draper* ; — *cher*, *chérir* ; *saint*, *saintir* (verbe usité aux XII° et XIII° siècles). L'ancienne langue avait de *fin* formé *finer*, qu'elle préféra longtemps à *finir*, régulièrement dérivé de *finire*. Il paraît superflu d'entrer ici dans plus de détails sur ce sujet. Nous y reviendrons d'ailleurs quand nous traiterons de la formation des mots.

à l'unité que nous avons déjà signalée et dont nous avons montré le résultat dans les temps de la première série.

I. — *Première conjugaison* (er = áre).

Voici le paradigme de cette conjugaison. Les formes latines, soigneusement accentuées, y sont placées en regard des formes françaises qui leur correspondent, et nous indiquons, quand il y a lieu, les principales variations de ces dernières.

INFINITIF.

Cant áre.	Chant er (eir, ier).

INDICATIF PRÉSENT.

Cánt o.	Chant , e.
Cánt as.	Chant es.
Cánt at.	Chant et, e.
Cant ámus.	Chant ons.
Cánt átis.	Chant ez (eiz).
Cánt ant.	Chant ent.

Imparfait.

Cant ábam.	Chant ève, oie, ois, ais.
Cant ábas.	Chant èves, oies, ois, ais.
Cant ábat.	Chant èvet, oit, ait.
Cant abámus.	Chant iens, ions.
Cant abátis.	Chant iez (ieiz).
Cant ábant.	Chant èvent, oient, aient.

Impératif.

Cánt a.	Chant e.

Subjonctif présent.

Cánt em.	Chant , e.
Cánt es.	Chant s, es.
Cánt et.	Chant (t), e.
Cant émus.	Chant iens, ions.
Cánt étis.	Chant iez (ieiz).
Cánt ent.	Chant ent.

Gérondif.

Cant ándum.   Chant ant.

Participe présent.

Cant ántem.   Chant ant.

PRÉTÉRIT.

Cant ávi.	Chant ai.
Cant avísti, ásti.	Chant as.
Cant ávit.	Chant at, a.
Cant áyimus.	Chant ames (asmes), ámes.
Cant avístis, ástis.	Chant astes, âtes.
Cant avérunt, árunt.	Chant èrent.

Imparfait du subjonctif.

Cant ássem.	Chant asse.
Cant ásses.	Chant asses.
Cant ásset.	Chant ast, ât.
Cant assémus.	Chant assiens, assions (1).
Cant assétis.	Chant assiez (assieiz) (1).
Cant ássent.	Chant assent.

PARTICIPE PASSÉ.

Cant átum.	Chant et (ed), é.
Cant átam.	Chant ède, ée

OBSERVATIONS.

Cette conjugaison, comme on vient de le voir, se dégagea du latin, en laissant partout entier le radical du verbe et munie de flexions à toutes ses formes, moins quatre.

Indicatif présent. — La voyelle finale des mots latins accentués sur la pénultième syllabe tombe le plus souvent en français, à moins qu'elle ne soit un *a*, auquel cas elle se maintient presque tou-

---

(1) On trouve aussi *assons, assez*. Ces formes sèches se rencontrent dans toutes les conjugaisons.

jours (1), transformée en *e* muet. En conséquence de
cette règle, *canto, cantas, cantat,* produisirent *chant,
chantes, chantet,* comme *perdo, perdis, perdit* produi-
saient *perd, perds, perd(t)*. Dès le XIIe siècle, on commença à ajouter un *e* muet à la première personne
du singulier et à retrancher le *t* de la troisième, ce
qui amena pour les yeux comme pour l'oreille la
similitude de ces deux personnes. — *Ons, ez (z = ts),*
dérivation régulière de *ámus, átis,* furent, dès les
plus hauts temps, propagés à toutes les conjugaisons. Mais les trois personnes du singulier en *e* muet
restèrent toujours propres à la première.

Imparfait. — La forme primitive *ève* reproduit
exactement le latin *ábam* moyennant le changement normal de *a* en *e* et de *b* en *v*. Cette forme fut
abandonnée dès le XIIe siècle pour la forme *oie,*
régulièrement dérivée de *ébam,* et qui appartenait
par conséquent aux autres conjugaisons.

Les flexions propres au dialecte normand étaient
oue, oues, ot, ions, iez, ouent. Le besoin de l'uniformité, qui se fit sentir dans ce dialecte comme dans
les autres, quoique plus tardivement, y fit substituer les flexions *eie, eies, eit, ions, iez, eient,* qui appartenaient aux trois autres conjugaisons, et, lorsque la langue française sortit du conflit des dialectes
entre lesquels elle se partageait au début, ce fut la
forme normande que l'on adopta pour l'oreille,
bien que l'on conservât la figuration *oi,* anomalie

---

(1) Il y a certainement des exceptions à ce maintien de l'*a*, mais
elles sont fort rares. Rappelons, du reste, que l'axiome *Pas de règle
sans exception* trouve surtout son application dans la phonétique.

qui n'a cessé que de nos jours avec le triomphe de l'orthographe dite de Voltaire (1).

Vers le XIVe siècle, on voit tomber l'*e* muet de la première et de la deuxième personne du singulier et s'ajouter à la première l'*s* qui, d'après l'étymologie, ne devait appartenir qu'à la seconde. L'*e* muet de la troisième personne du singulier que l'on trouve dans les textes du Xe siècle avait déjà disparu au XIe siècle (2).

Impératif. — La deuxième personne du singulier est seule dérivée du latin. La première et la seconde du pluriel ont été empruntées au présent de l'indicatif. Cet abandon des formes latines du pluriel eut lieu, dès les plus hauts temps, dans toutes les conjugaisons.

Subjonctif présent. — Les trois personnes du singulier, étant en *e* inaccentué, durent se dégager sans voyelle à la désinence, et c'est ainsi, en effet, qu'on les trouve habituellement dans les vieux textes. Ex.: *Plur, plurs, plurt (plorem, es, et).* Mais les diverses conjugaisons ayant de bonne heure, à ce *temps*, fait un échange assez confus de leurs formes, les flexions muettes *e, es, e(t)*, régulièrement dérivées de *am, as, at* (troisième conjugaison), furent souvent attribuées aux verbes en *er* et on les conserva dans la constitution définitive de ce *temps*. Au contraire, les flexions *ons, ez*, dérivées comme celles-ci de la troisième conjugaison latine *(ámus, átis),* après

---

(1) On sait que les groupes *ai* et *ei* traduisent le même son : *haine, peine. Chantait* est donc la même chose que *chanteit.*

(2) Voir Littré, *Hist. de la langue française,* t. II, p. 312.

avoir été d'abord préférées à celles qui dérivaient de la première *(émus, étis = ions, iez),* furent vers le XVIᵉ siècle complétement abandonnées pour ces dernières, lesquelles étaient d'ailleurs identiques à celles qu'avaient produites *eámus — iámus, eátis — iátis,* de la seconde et de la quatrième conjugaison latine.

Par une autre suite de la confusion dont nous venons de parler, les flexions *ie, je, ge,* etc., dérivées normalement de *eam, iam,* etc., furent souvent attribuées aux trois personnes du singulier des verbes en *er.* Ex. : *Pórtie = porte, dunget = donne.* Il nous reste une trace de cette confusion dans le verbe *aller.* (Voir ci-après.)

Gérondif et participe présent. — La flexion *ant,* dérivation régulière de *ánd(um), ánt(em),* fut, dès le principe, attribuée aux verbes de toutes les conjugaisons. Il est remarquable que le participe présent n'a pas laissé de forme dérivée de son nominatif, comme les autres mots en *ans, ántis.* (Cf. *enfes, enfant = infans, infántem.)*

Prétérit. — Le latin classique syncopait déjà le *v* à trois personnes de ce temps. Nous l'avons syncopé à toutes les formes en restant néanmoins fidèles à l'accent latin. Au début on conserva le *t* à la troisième personne du singulier. Mais on voit tomber cette lettre dès le XIIᵉ siècle. — L'*i* de la flexion latine fut assez souvent maintenu à la deuxième et à la troisième personne du singulier. Au contraire, la première personne fut parfois en *a* pur. Cette forme s'est conservée jusqu'à nos jours dans le langage incorrect de quelques provinces où l'on

dit j'*alla*, j'*aima*. — Le *t* de la deuxième personne
du singulier, maintenu par les langues méridio-
nales, fut rejeté chez nous dès les premiers temps.
— L's étymologique de la deuxième personne du
pluriel conduisit de bonne heure à en introduire
une, par fausse analogie, à la première personne du
même nombre. C'est l'origine de l'accent circonflexe
que nous plaçons encore sur l'*a* de cette personne.

Participe passé. — Dans les premiers temps, la
dentale de la flexion fut conservée, même au féminin, soit pure, soit adoucie en *d*, dans cette conjugaison comme dans toutes les autres. Sa chute définitive n'eut lieu qu'au XIIᵉ siècle.

Futur et conditionnel. — Nous avons expliqué comment ces *temps* furent composés. Pour leur donner
la forme simple qu'ils présentèrent dès le début,
les langues romanes au lieu de juxtaposer purement
et simplement les deux éléments qui les constituent,
firent subir à l'un ou à l'autre et souvent à tous
les deux à la fois diverses altérations que comman-
dait l'euphonie. Ainsi, dans notre première conjugaison, l'*e* accentué et sonore de l'infinitif s'assourdit en *e* muet devant le son plein suivant. De même,
en italien, l'*a*, son très ouvert, devint *e*, son moins
plein : *amare*, *amerò*, *amerei*.

L'ancienne langue française ne se bornait pas à
assourdir l'*e* ouvert de l'infinitif; elle le syncopait
souvent, et alors les consonnes rapprochées subissaient les lois euphoniques ordinaires. Ex : *Donrai*,
dorrai = *donerai*, — *menrai*, *merrai* = *mènerai*, etc.
— Quelquefois, si l'*e* muet était précédé d'une *r*,
appuyée elle-même à une autre consonne, cette *r*

9

tombait ou se déplaçait pour venir renforcer celle de la flexion. Ex : *Entera, enterra = entrera.*

La majorité des verbes de cette conjugaison, qui renferme les quatre cinquièmes au moins de tous ceux que nous possédons, a été tirée par la langue française elle-même de son propre fonds. Ceux qui sont d'origine latine immédiate comprennent :

1° Tous les verbes en *are* (moins peut-être trois ou quatre) (1), qui restèrent dans la langue française lorsqu'elle se dégagea du latin ou qui y ont été introduits depuis.

2° Tous les verbes en *ĕre* et en *ēre* qui sont entrés dans la langue après la période des origines, lorsque, la tradition de l'accent s'étant effacée, on ne prononça plus le latin que comme on le voyait écrit et que l'oreille devint, pour ainsi dire, la dupe des yeux. Plusieurs de ces verbes avaient déjà, dans le principe, donné des dérivés fidèles à l'accent et conformes aux lois phonétiques alors dominantes. De là des doubles formes, telles que *empreindre* et *imprimer (imprimere),* infidèles d'un côté à l'orthographe et de l'autre au son même du mot latin.

Cette conjugaison n'a aujourd'hui, excepté *aller* et

---

(1) *Jaculari = jaillir, tinnitare = tentir,* simple de *rètentir,* très employé autrefois. Voir, par exemple, la belle chanson du châtelain de Coucy :

La dorc vois del rosignol sauvage
C'oi nuit et jor comoier et *tentir...*

Bombitare et *crispare,* auxquels on rapporte *bondir* et *crépir,* ont produit parallèlement *bonder* et *créper.* (Voir Littré, *Dictionnaire.*)

à la rigueur *envoyer*, sur lesquels nous reviendrons,
aucun verbe irrégulier. Mais plusieurs présentent
une particularité. Ce sont ceux dont la dernière
voyelle radicale est un *e* muet, tels que *appeler,
jeter, mener*, etc. Ils la changent en *e* ouvert à toutes
les formes où la flexion est inaccentuée, où, par
conséquent, l'accent recule sur cet *e* muet, et, en
outre, au futur et au conditionnel, c'est-à-dire,
d'une manière plus générale, à toutes les formes
où la voyelle suivante est un *e* muet : *mener*, je *mène*
et non pas je *mene*, — je *mènerai* et non pas je *me-
nerai*. Ce changement est de nécessité rigoureuse,
car la voix répugne à deux *e* muets de suite ; il est
surtout indispensable dans le premier cas, car la
voyelle qui porte l'accent tonique, c'est-à-dire sur
laquelle la voix s'élève, ne peut pas être une voyelle
muette.

Les verbes de cette catégorie sont les seuls de la
première conjugaison qui souffrent aujourd'hui une
pareille altération du radical ; mais l'ancienne langue en comptait un plus grand nombre. L'*a*, l'*e* et
l'*o* étaient souvent allongés en dipthongue à toutes
les formes où ces voyelles radicales recevaient l'accent tonique. Mais elles restaient (ordinairement du
moins) inaltérées dans les composés de l'infinitif. Le
verbe *aimer* était un de ces verbes (1). Il faisait *amer*
à l'infinitif et *aim, aimes, aimet, aiment* au présent
de l'indicatif et du subjonctif. *Trouver (trover)* et

---

(1) Ce sont ceux-là que M. Burguy appelle exclusivement verbes
forts, sans prendre garde que les verbes en *eler, ener, eter*, etc., de-
vraient être au même titre, dans son système, qualifiés ainsi.

donner étaient dans le même cas; le premier changeait *o* en *eu*, le second en *oi : je treuve, je doin.*

Cette modification de la voyelle radicale qui s'était
opérée d'ailleurs dans le passage même du latin au
français et qui n'était, par conséquent, que le résultat pur et simple des lois de dérivation, ne fut
jamais générale dans la conjugaison des verbes en
er, et ceux-là même qui l'avaient subie, ou la reje-
tèrent entièrement (comme *trouver*), ou la propagè-
rent (comme *aimer*) à toutes les formes, pour obtenir
partout un radical identique.

Ce qui parut, en effet, de bonne heure constituer
pour la langue française l'idéal d'une conjugaison
régulière, c'est que le radical, le signe de l'idée
fondamentale du verbe, restât, comme cette idée
même, toujours identique à lui-même, que le changement, enfin, n'affectât que la partie du mot qui
représentait l'élément variable de l'idée totale. Cet
idéal une fois conçu, la langue tendit à y ramener
tous les verbes qui s'en écartaient, et c'est ce qu'elle
fit rigoureusement dans les deux conjugaisons types.
Elle visa à la régularité parfaite, même aux dépens
de la grâce qui pouvait résulter de la variété produite au début par la libre action des lois euphoniques. Voilà pourquoi toutes les libertés que nous
avons déjà notées, contractions au futur, assimilation, suppressions de consonnes, métathèses, etc.,
furent par degrés abandonnées, et que cette influence
de l'accent sur la voyelle radicale, d'où résultait
un balancement si harmonieux, dut se réduire au
strict nécessaire, c'est-à-dire à ce qu'exige la voix
pour que la prononciation soit possible.

Nous avons déjà dit que la première conjugaison avait un verbe irrégulier, *aller*. Ce verbe est en même temps défectif, et on supplée aux formes qui lui manquent par celles de deux autres verbes également défectifs, et dérivés, l'un de *ire*, l'autre de *vadere*. — Le premier fournit le futur et le conditionnel, le second quatre personnes seulement, les trois du singulier et la troisième pers. plur. du présent de l'indicatif. L'ancienne langue avait aussi du même verbe les personnes correspondantes du présent du subjonctif : que je *voise*, etc., qu'on trouve usitées jusqu'au XVIᵉ siècle.

L'irrégularité d'*aller* consiste en ce que, au lieu d'avoir au subjonctif présent la flexion propre originairement à la troisième conjugaison et devenue depuis, comme nous l'avons dit, commune à toutes, il a celle de la deuxième conjugaison, en *ie* (*e* mouillé), dérivant de *iam*. Nous avons déjà remarqué que cette flexion avait été, aux premiers siècles de la langue, attribuée à quelques verbes en *er*. *Aller* est le seul qui l'ait conservée. *Aille* est pour *álie*, où l'*i*, étant sans accent, n'a plus sa valeur ordinaire et influe seulement sur l'*l* précédente pour la mouiller (1). Cet *i* de la flexion *iam* se raffermissait souvent en *j* ou *g* et l'on avait *alge*, forme qui se rencontre très fréquemment et qui, à son tour, devenait souvent *auge*, par suite du changement normal de *al* en *au* devant une consonne.

_____

(1) Les personnes qui ignorent l'orthographe figurent fréquemment par *li* le son de l'*l* mouillée, comme par *ni* celui de l'*n* mouillée. Les anciens scribes en faisaient autant. Ex. : *Filie* = *fille*. — *esparnie* = *épargne*.

Le verbe *envoyer* et son composé *renvoyer*, d'ailleurs réguliers, font au futur *enverrai, renverrai*. Ce sont des formes contractes du dialecte normand qui ont prévalu par exception sur les formes pleines de l'Ile-de-France. L'infinitif de ce verbe était, en Normandie, *envéer*, qui a formé régulièrement *envéerai*, d'où, après la chute de l'*e* assourdi de l'infinitif, *envérai = enverrai*.

Le verbe *stare*, qui est resté entier dans les autres langues romanes, a depuis longtemps disparu de la nôtre. Nous en avons gardé cependant les participes et l'infinitif, ce dernier avec un sens tout spécial et seulement dans la langue du palais. Ce verbe présentait, ainsi que *dare*, que le français ne retint pas (1) et que l'italien et l'espagnol ont conservé, cela de remarquable qu'étant monosyllabe à toutes les formes où les verbes de la conjugaison en *are* sont accentués sur le radical, il portait, à ces formes, l'accent sur la désinence, son radical (apparent), réduit à deux consonnes, ne pouvant le recevoir. Il en résulta nécessairement qu'en passant au français il garda l'accent à la même place, malgré la syllabe initiale dont il fut accru par suite de l'adjonction de l'*e* qu'on avait préposé à *st* par euphonie, et, comme une voyelle sourde ne peut recevoir l'accent, il dut conserver sonores les flexions que les autres verbes changeaient en *e* muet. Il faisait en conséquence, au présent de l'indicatif,

---

(1) On trouve dans la *Passion* (st. 21) « *Que m'en darez ?* » Mais ce poème, comme nous l'avons déjà fait observer, n'appartient pas à la pure langue d'oïl.

estoi, estais, estait, estunt. — Une forme *éste* suppo-
serait un verbe latin *esto,* qui n'exista jamais.

Dès qu'on eut perdu le sentiment de l'accent
latin et que la langue française commença à vivre
de sa vie propre, ces formes de présent indicatif
estoi, estais, etc., rapportées à un infinitif *ester,*
durent paraître profondément anormales. D'un
autre côté, le prétérit, dérivé de *steti,* n'était pas
non plus conforme au type de la première conjugaison. Le verbe *ester* ne pouvait donc que répugner
à cet instinct de régularité dont nous avons déjà
signalé la puissance et qui éliminait peu à peu de
la conjugaison les anomalies, les licences, les acci-
dents. Aussi le laissa-t-on périmer de très bonne
heure, et ses composés ne sont restés dans la langue
qu'à la condition de se modeler sur le type régulier
des verbes en *er.*

II. — *Deuxième conjugaison* (ir, iss = íre, isc, esc).

Cette conjugaison comprend tous les verbes en *ir*
dont le radical est allongé en *iss* aux temps de la
première série, tels que *finir, emplir,* etc. Elle répond,
pour la forme et en partie seulement, à celle des
verbes inchoatifs latins en *isco, esco.*

On trouve la langue française en possession dès
les plus hauts temps de deux conjugaisons différentes des verbes en *ir,* l'une conforme à la conjugaison latine en *íre,* l'autre qui différait de la première par cet allongement du radical en *iss* aux
temps de la première série. Ce fut celle-ci qu'elle
préféra et qu'elle adopta exclusivement comme type

régulier des verbes en *ir*. Non-seulement elle a modelé sur ce type tous les verbes de la même désinence infinitive qu'elle a acquis depuis sa naissance, soit par voie d'emprunt, soit en les tirant de son propre fonds, mais encore elle y a graduellement ramené un certain nombre de ceux qui au début n'avaient pas la forme inchoative (¹). Ce passage d'une classe à l'autre a commencé de très bonne heure : on peut le constater dès le XIᵉ siècle; il a été se continuant sans cesse, et il a lieu encore tous les jours autour de nous, comme chacun peut le remarquer en écoutant parler les gens du peuple. Les verbes en *ir* qui ne l'ont pas effectué, du moins dans le langage correct, forment la partie archaïque de cette conjugaison, et nous les reléguerons pour ce motif dans la même grande classe que les verbes en *re* et en *oir*.

Pourquoi cette préférence donnée, dans la conjugaison en *ir*, à la forme inchoative sur sa rivale? — La langue française paraît avoir ressenti de bonne heure deux besoins opposés, l'un, déjà constaté, de réduire à l'unité la diversité des flexions de ses verbes, l'autre, d'avoir deux conjugaisons différentes, deux *moules à verbes* complétement distincts. Il fallait concilier ces deux exigences, qui ne pouvaient, d'ailleurs, se trouver en lutte qu'aux temps de la première série, les seuls, comme nous l'avons

---

(1) Tels sont *engloutir, emplir, asservir, convertir, (dé)guerpir,* plusieurs composés de *vêtir (investir, travestir), trahir, haïr.* — Ce dernier offre ceci de remarquable que les trois pers. sing. de l'indicatif présent ont continué de suivre l'ancienne conjugaison. C'est, par ce motif, le seul verbe irrégulier de la conjugaison inchoative.

vu, où le besoin de l'unité ait obtenu satisfaction.
L'adoption comme type de la conjugaison à forme
inchoative donnait le moyen d'y parvenir, et ce fut
là sans doute le motif de la préférence qu'elle
obtint. Grâce à l'adjonction de la syllabe *iss* à leur
radical, les verbes en *ir*, tout en conservant aux
temps de la première série les flexions proprement
dites communes à tous les verbes, se trouvèrent
avoir à *toutes* leurs formes la voyelle *i*, caractéristique de la conjugaison en *ir*, et la distinction entre
celle-ci et l'autre conjugaison modèle de la langue
(er) fut complète.

La constitution de la conjugaison inchoative en
ir, telle que nous la possédons, fut l'œuvre propre
et exclusive de la langue française. Le latin classique
n'en offrait point le type homogène, et l'usage différent que firent les autres langues romanes du suffixe verbal *isc* (ou *esc*) prouve que le latin vulgaire
ne devait pas l'offrir davantage (1). Nous nous bor-

---

(1) On sait que les verbes en *isco*, *esco* suivaient la troisième conjugaison et n'avaient ni l'infinitif en *ire*, ni le parfait en *ivi*. Leur
fortune ne fut pas la même dans toutes les provinces de la latinité.
En Espagne, l'infinitif resta tel qu'en latin, je veux dire qu'il ne se
changea pas en *ir*, car l'accent y fut déplacé comme, d'ailleurs, dans
tous les verbes en *ère*, et *escere* devint *ecér*; de plus, l'accroissement
du radical fut propagé aux temps de la deuxième série, qui, comme
on sait, ne le recevaient pas en latin. — En Italie, au contraire, la
syllabe additive parut n'avoir d'autre utilité que de donner plus de
corps aux formes grêles de la conjugaison, et elle fut supprimée en
conséquence dans toutes les formes à flexions sonores, de sorte que
tout l'imparfait, le participe présent et les deux premières pers. plur.
de l'indicatif et du subjonctif présent la perdirent. Quant à l'infinitif,
il ne la garda pas non plus, et on le fit, comme en français, en *ire*. —
La langue roumaine et la langue roumonsche firent de la syllabe

nerons, en conséquence, pour cette conjugaison, à donner le tableau comparatif de ses formes, sans les rattacher à un thème quelconque, puisqu'elle ne renferme aucun verbe qui soit d'un bout à l'autre la reproduction d'un original latin.

Paradigme de la conjugaison des verbes en ir
à forme inchoative.

INFINITIF.

ïre.	ir.

INDICATIF PRÉSENT.

ïsc o.	is.
ïsc is.	is (s).
ïsc it.	is t, i t
ïsc imus.	iss ons.
ïsc itis.	iss ez.
ïsc unt.	iss ent.

Imparfait.

ïsc ébam.	iss oie, ais.
ïsc ébas.	iss oies, ais.
ïsc ébat.	iss oit, ait.
ïsc ebámus.	iss ions.
ïsc ebátis.	iss iez.
ïsc ébant.	iss oient, aient.

Impératif.

ïsc e.	is.

Subjonctif présent.

ïsc am.	iss e.
ïsc as.	iss es.
ïsc at.	iss e.
ïsc ámus.	iss ions.
ïsc átis.	iss iez.
ïsc ant.	iss ent.

additive le même emploi restreint que l'italien ; mais ce fut *esc* qu'elles adoptèrent, de même que l'espagnol, au lieu de *isc* que l'italien, comme le français, avait préféré.

Gérondif.

isc éndum.   iss ant.

Participe présent.

isc éntem.   iss ant.

PRÉTÉRIT.

ívi.	i, is.
ivísti, ísti.	is.
ívit.	it.
ívimus.	imes (ismes), ímes.
ivístis, ístis.	istes, ítes.
ivérunt, iérunt (1).	irent.

Imparfait du subjonctif.

íssem.	isse.
ísses.	isses.
ísset.	ist, ít.
issémus.	issiens, issions.
issétis.	issiez.
íssent.	issent.

PARTICIPE PASSÉ.

ítum.	it, id, i.
ítam.	ide, ie.

OBSERVATIONS.

Indicatif présent. — La voyelle de la flexion tombe aux trois personnes du singulier, entraînant dans sa chute l'une des deux *ss* à la première personne et toutes deux à la deuxième et à la troisième. Les deux premières personnes du pluriel ne sont pas fidèles à l'accent latin; sans doute le petit nombre de verbes latins en *esco, isco,* qui passèrent dans la langue au début, durent se dégager à ces deux personnes, comme d'ailleurs tous les autres verbes de

---

. (1) Ou plutôt íverunt, íerunt. (Voir ci-dessous.)

la conjugaison en *ère*, avec des flexions sourdes. Mais ils ne tardèrent pas à les échanger contre les flexions sonores *ons*, *ez*, dérivées de *ámus*, *átis*, car, si haut qu'on remonte, on ne rencontre dans aucun texte de verbe inchoatif qui en offre d'autres que ces dernières.

Prétérit. — Dans le principe, la première personne du singulier, conformément à l'étymologie, était sans *s*, mais on commença d'assez bonne heure, vers le XIIe siècle, à y en attacher une d'après l'analogie de la deuxième personne. Cet abus ne prit toutefois force de loi que très tard, dans le courant du XVIIe siècle.

La troisième personne du pluriel paraît infidèle à l'accent latin qui porte sur l'*e* et non pas sur l'*i* de la flexion. Mais ce déplacement de l'accent était déjà général dans le latin vulgaire. Dans la meilleure latinité il avait lieu quelquefois, et l'on cite d'assez nombreux exemples où l'*e* de la flexion *erunt* était bref en vers (1). C'était là sans doute, de la part des poètes qui prenaient cette licence, un emprunt à la prononciation courante. La prosodie savante ne reproduisait pas exactement cette prononciation; c'est un fait analogue à ce que nous voyons se passer chez nous, où beaucoup de mots comptent en poésie plus de syllabes que nous ne leur en donnons dans le langage ordinaire. Du reste, toutes les langues romanes ont pareillement reculé l'accent, ce qui permet de conclure que, quel qu'en fût le motif, ceux qui parlaient le latin des bas

---

(1) Voir Littré, *Hist. de la langue française*, t. II, p. 300, 301.

siècles avaient déjà eux-mêmes effectué ce déplacement (1).

Imparfait du subjonctif. — Dérivation très régulière de la forme latine contractée. Cette flexion servit parfois abusivement, aux deux premières personnes du pluriel, pour des verbes de la première conjugaison. On trouve de nombreux exemples de cet abus dans les auteurs des XIIIᵉ et XIVᵉ siècles. Il se prolongea jusqu'au XVIᵉ siècle.

Participe passé. — La flexion de ce temps fut de même, mais seulement au féminin, prêtée à des verbes de la première conjugaison. Ce fait, joint au précédent, prouve l'ancienneté de ce penchant à l'iotacisme qui, d'accord avec la tendance à l'unité déjà constatée, a fait imposer par la plupart des patois les flexions en *i* à tous les verbes de la première conjugaison.

Le plus grand nombre des verbes de cette conjugaison ont été formés par la langue française elle-même. Parmi ceux qui sont d'origine latine immédiate, une moitié à peu près appartenait, dans le latin classique, à la quatrième conjugaison *(ire)*. De l'autre moitié, deux tiers appartenaient à la troisième *(ĕre)*, le dernier tiers à la seconde *(ēre)*. Il est vraisemblable que ces derniers avaient changé dans le latin vulgaire même leur désinence infi-

---

(1) Dans le principe, trois ou quatre prétérits de cette conjugaison, par suite d'une assimilation erronée avec certains prétérits à accent mobile de la conjugaison en *re*, tels que *dis, des is*, etc., reçurent un accroissement anormal de la flexion à la première personne du pluriel et à la seconde des deux nombres. Ex.: *guaris, guar esis. guar it, guar esimes, guar esistes, guar irent.*

nitive en *ire*, car on sait par le témoignage du grammairien Pompeius, antérieur à Priscien, que la mutation de l'*e* long et accentué en *i* n'était pas rare de son temps. Le même changement de conjugaison avait dû avoir lieu aussi pour les premiers, au moyen du déplacement de l'accent et de la permutation simultanée ou consécutive de l'*e* en *i*. Mais on ne saurait l'affirmer absolument de tous, car les formes telles que *freindre, geindre (= frémere, gémere)*, à côté de *frémir, gémir*, prouvent que, lorsque notre langue s'est dégagée, on hésitait encore pour plusieurs entre l'ancienne prononciation et la nouvelle.

J'ai déjà noté que cette conjugaison s'est peu à peu annexé un certain nombre de verbes qui n'avaient pas orignairement la forme inchoative. De ceux qui l'avaient déjà en latin, aucun ne conserva sa désinence infinitive : *éscere* ou *iscere* auraient donné *eistre* ou *oistre*, et tous se présentent, dès les plus hauts temps, avec l'infinitif en *ir*.

Tous ceux des verbes en *ir* qui dérivent de primitifs en *ēre* ou *ĕre* avaient en latin leur parfait en *evi, ui, i* ou *si*. Aucune de ces désinences ne pouvait produire la série régulière et complète de leurs flexions actuelles (1), et l'on voit en effet par les textes que plusieurs ne reçurent pas immédiatement ces dernières.

Tous les verbes de cette conjugaison sont aujourd'hui réguliers, excepté *haïr*, dont nous avons déjà

---

(1) Excepté *evi*, qui même aurait plutôt donné *éui, eu.* (Cf. *cépi = céui, céu, çu.*) Nous n'avons, d'ailleurs, que quatre verbes qui fissent en latin leur parfait de cette manière : *abolir, emplir, remplir, accomplir.*

signalé l'irrégularité. Nous croyons superflu d'examiner en particulier chacun de ceux qui, s'écartant originairement du type de cette conjugaison, y ont été graduellement ramenés. Nous nous bornerons à quelques observations sur le verbe *bénir*.

Ce verbe vient de *benedicere* qui, d'après la règle des mots proparoxytons, aurait dû donner *bénéire*. Par suite de la chute anormale de l'*e* final et de la contraction en *i* des formes anciennes en *ei* (*beneis, beneissons*, etc.), tout ce qui reste à ce verbe de la partie essentielle de son radical paraît faire partie de la flexion ou, ce qui est la même chose, semble n'être que le suffixe *(iss)*, qui supplée cette flexion ou la précède, aux *temps* de la première série des verbes en *ir* incohatifs. C'est ainsi qu'il a pu être classé parmi ces derniers. La première personne singulier du prétérit *bénis (bénéis = benedixi)* entraîna la forme des autres, conformément à la série régulière. Mais cela ne se fit pas immédiatement ni sans hésitation, et longtemps on employa les formes *benesquis, benesquistes*, régulièrement dérivées de *benedixisti, benedixistis*, par transposition des éléments de l'*x*, et d'après lesquelles on attribua, par extension, des formes analogues à d'autres personnes; ex. : *Benesquit, benesquirent*. — Le participe passé de ce verbe est le seul de la langue qui ait conservé le *t* étymologique que tous les autres ont depuis longtemps laissé tomber : *bénit, bénite;* mais il n'est employé sous cette forme que dans un sens spécial et liturgique. Dans l'usage ordinaire il est simplement en *i, ie*.

CHAPITRE TROISIÈME.

CONJUGAISONS ARCHAÏQUES.

Ces conjugaisons qui, comme nous l'avons déjà dit, n'ont jamais servi de modèles et qui ne renferment que des verbes contemporains de la langue, comprennent :

1° Les verbes en *ir*, à forme non inchoative;

2° Les verbes en *re;*

3° Les verbes en *oir*.

Tandis que les deux conjugaisons types restent distinctes à toutes leurs formes et n'empiètent jamais l'une sur l'autre, les conjugaisons archaïques se comportent tout différemment entre elles. Il n'y a, en effet, qu'une seule forme, l'infinitif, qui soit absolument propre à chacune d'elles; les flexions de la première série, nous le savons déjà, sont communes à toutes, et quant à celles de la seconde série, si les flexions en *i* appartiennent plus particulièrement à la conjugaison en *ir,* les flexions en *u* à la conjugaison en *oir*, celles-ci se retrouvent néanmoins dans quelques verbes en *ir*, celles-là dans quelques verbes en *oir*, et elles se partagent, très inégalement toutefois, les verbes en *re*. Ajoutons que ceux de ces derniers verbes qui ont un participe passé à flexion distincte et sensible, au lieu de

le former en *i*, comme les verbes en *ir*, d'après l'analogie de leur prétérit qui est en *is* chez le plus grand
nombre, le forment en *u*, comme les verbes en *oir*.

Les conjugaisons archaïques se pénètrent donc
mutuellement ; elles sont en quelque sorte enchevê-
trées l'une dans l'autre, et l'on pourrait sans inconvénient les réunir en une seule. Il y aurait même
avantage à le faire dans les grammaires élémentaires, où l'on enseigne seulement l'état présent de
la langue. Mais dans une exposition historique, il
est nécessaire, en raison de leur diversité d'origine
et des proportions différentes selon lesquelles chacune d'elles a subi l'action des forces qui les ont
constituées, de les passer en revue séparément.
C'est ce que nous ferons ici, au risque d'avoir parfois
à nous répéter. Mais nous ne suivrons pas l'ordre
habituel, qui est de placer les verbes en *re* au dernier rang. Nous reléguerons à cette place les verbes
en *oir*, parce qu'ils sont à la fois les moins nombreux et les plus archaïques, et qu'on peut considérer leur conjugaison tout entière comme une
véritable exception dans l'état actuel de la langue
française.

De ce mélange des formes entre les trois conjugaisons archaïques résulte, comme une conséquence
nécessaire, que tous les verbes de chacune d'elles ne
se conjuguent pas de la même manière et qu'il n'y
a, dans ces conjugaisons, aucun rapport constant
entre la forme de l'infinitif d'une part et celle du
prétérit ou du participe passé de l'autre, non plus
qu'entre celles de ces deux derniers *temps*. Elles se
distinguent encore en cela des conjugaisons types

11

qui ne souffrent aucune diversité dans leur régime
intérieur, et dont chacune n'a qu'une seule et même
règle qu'elle applique uniformément à tous les verbes qui la composent. Bien loin donc qu'à l'exemple
de ceux-ci, les verbes des conjugaisons archaïques
se rangent tous ensemble, dans chacune d'elles,
sous une même loi, ils se divisent, au contraire, en
nombreux petits groupes (1) soumis à des règles
différentes. On ne considère habituellement comme
réguliers, dans chaque conjugaison, que les verbes
d'un seul de ces groupes (2). C'est rejeter arbitraire-
ment parmi les irréguliers plus des trois quarts des
verbes de ces conjugaisons. Cette manière de voir
n'est point cependant absolument fausse; elle a sa
raison d'être et en partie sa justification dans le
génie même de notre langue, car, au point de vue
de la logique rigoureuse et de l'esprit de régularité
absolue qui régit souverainement les deux conjugaisons vivantes, esprit étroit, si l'on veut, mais qui
est l'esprit français lui-même, amoureux surtout
d'uniformité et confondant volontiers la variété
avec le désordre, la majeure partie des verbes qui
composent les conjugaisons archaïques doivent paraître irréguliers. Mais au point de vue supérieur
de l'histoire naturelle du langage, comme à celui de
la grammaire latine et de l'histoire particulière de

---

(1) On a compté plus de cinquante de ces groupes.

(2) Ainsi dans la conjugaison en *re, rendre* et ceux de son groupe;
dans la conjugaison en *oir, devoir* et les autres verbes en *evoir*.
Quant à la conjugaison en *ir* (archaïque), comme on ne la distingue
pas de la conjugaison à forme inchoative, on considère comme irréguliers tous les verbes qui la composent.

notre langue, la plupart ne le sont point. Diversité
n'implique pas nécessairement irrégularité, et si
les conjugaisons types, étant des moules actifs et
vivants, ne peuvent être aussi que des systèmes
simples et *uns,* les conjugaisons archaïques, ré-
duites, dès la naissance de la langue, à n'être plus
que des cadres inertes, des répertoires à jamais
clos, n'excluent par essence ni la variété ni même
la complication.

D'après ces principes, et nous rappelant que,
selon la tradition latine qui reste ici dominante,
les quatre temps primitifs sont indépendants les
uns des autres, nous ne considérerons point comme
irréguliers les verbes, tels que *mourir, craindre, voir,*
que l'on appelle ordinairement ainsi, par cela seul
qu'ils s'écartent en des points plus ou moins nombreux du modèle unique que l'on donne de leur
conjugaison respective, et nous restreindrons cette
qualification à ceux qui sont rebelles à l'analogie
dans la suite d'un même temps, tels que *dire,* ou
d'une même série, tels que *faire, savoir.* — Nous ne
ferons point, d'ailleurs, de ces verbes une classe à
part : nous laisserons chacun d'eux dans la subdivision à laquelle il appartient par ses caractères
essentiels, nous bornant à les marquer d'un astérisque pour les signaler au lecteur.

I. — *Verbes en ir à forme non inchoative.*

Voici le paradigme de cette conjugaison :

INFINITIF.

Serv *ire.*   Serv *ir.*

INDICATIF PRÉSENT.

Sérv io.	Ser(v), **s.**
Sérv is.	Ser(v) s.
Sérv it.	Ser(v) t.
Serv ímus.	Serv ons.
Serv ítis	Serv ez (eiz).
Sérv iunt.	Serv ent.

Imparfait.

Serv iébam.	Serv oie, ois, ais.
Serv iébas.	Serv oies, ois, ais.
Serv iébat.	Serv oit, ait.
Serv iebámus.	Serv iens, ions.
Serv iebátis.	Serv iez (ieiz).
Serv iébant.	Serv oient, aient.

Impératif.

Sérv i.	Ser(v), s.

Subjonctif présent.

Sérv iam.	Serv ie, e.
Sérv ias.	Serv ies, es.
Sérv iat.	Serv iet, e.
Serv iámus.	Serv iens, ions.
Serv iátis.	Serv iez (ieiz).
Sérv iant.	Serv ient, ent.

Gérondif.

Serv iéndum.	Serv ant.

Participe présent.

Serv iéntem.	Serv ant.

PRÉTÉRIT.

Serv ívi.	Serv i, is.
Serv ivísti, ísti.	Serv is.
Serv ívit.	Serv it (i).
Serv ívimus.	Serv imes (ismes), îmes.
Serv ivístis, ístis.	Serv istes, îtes.
Serv ivérunt, iérunt (1).	Serv irent.

---

(1) Ou plutôt íverunt, íerunt. (Voir ci-dessus, p. 76.)

Imparfait du subjonctif.

Serv issem.	Serv isse.
Serv isses.	Serv isses.
Serv isset.	Serv ist, it.
Serv issémus.	Serv issiens, issions.
Serv issétis.	Serv issiez (issieiz).
Serv issent.	Serv issent.

PARTICIPE PASSÉ.

Serv itum.	Serv it (id), i.
Serv itam.	Serv ide, ie.

OBSERVATIONS.

Cette conjugaison, comme on vient de le voir, n'est pas moins fidèle que celle des verbes en *er* à l'accent latin. Elle dut se dégager de la langue mère avec un radical aussi intact, munie d'autant de flexions sensibles que celle-ci. Elle aurait donc pu, comme elle, être adoptée entièrement pour modèle. Nous avons expliqué ci-dessus pourquoi elle n'eut pas cette fortune.

Indicatif présent. — Les voyelles de la flexion tombèrent dès le principe aux trois personnes du singulier et ne furent jamais suppléées (1). Si le radical se termine par deux consonnes, la dernière tombe aussi le plus souvent, parfois même toutes

---

(1) Il faut excepter les verbes (au nombre de cinq) où l'accent portait sur l'antépénultieme voyelle Ceux-ci, conformément à la règle, laisserent tomber la pénultième et conserverent la dernière en la transformant en *e* muet. — Observons que l'*i* s'unissant par synérèse à la voyelle de la flexion *(io, iunt)*, les deux voyelles réunies ne comptent que pour une syllabe. De là le recul de l'accent dans *coopério, opério*, et la chute du groupe entier *io* dans *servio* et les autres.

deux. L'*s* caractéristique de la deuxième personne du singulier fut indûment propagée à la première dès le XIII*e* siècle. Mais cet abus ne devint général qu'au XVII*e* siècle où il prit force de loi. (Cf. ci-dessus, sur l'*s* attribuée de même à la première pers. sing. du prétérit.) — On ne trouve aucune trace des flexions *imes*, *ites*, telles que durent les donner les flexions latines *imus*, *itis*, ce qui prouve que l'attribution des flexions *ons*, *ez*, dérivées de *ámus*, *átis*, aux verbes de la conjugaison en *ir*, remonte à une époque antérieure aux plus anciens monuments de la langue.

Imparfait. — L'*i* de l'imparfait paraît être tombé dès les premiers temps. Il en est resté une trace dans *oyais* (= *audiebam*).

Subjonctif présent. — La flexion *iam* avait produit normalement *ie* qui tantôt restait telle (1), tantôt se raffermissait en *je*, *ge*, *che*, sous l'influence dans le premier cas d'une muette douce, dans le second d'une forte. Mais cette flexion qui, comme nous l'avons déjà noté, fut dans les premiers siècles indûment attribuée même à des verbes en *er*, tomba peu à peu en désuétude (2). Il n'en reste aujourd'hui et depuis le XVI*e* siècle que des traces fort rares,

---

(1) Ex. : *sérviet* = *sérviat* (*Vie de saint Léger*), *réndie*, *pórtie*, *métie*, *gictie*, *dormie* (*Bestiaire d'amour*, par Richard de Fournival, p. 2, 25, 40, 46, 53). — Nous n'avons plus aujourd'hui de consonnes *mouillées* que l'*l* (*ill*) et l'*n* (*gn*). On voit par les vieux textes que l'ancienne langue était à cet égard (comme à tant d'autres) bien plus riche que la nouvelle.

(2) Elle est restée, sous sa forme *raffermie*, en très grand usage dans plusieurs patois, par exemple le patois saintongeois. Ex. : *Entenge* = *entende*, *boège* = *boive*, *mège* = *mette*, etc.

dans *sache* (1), par exemple *(= sapje = sápiam)*, et dans les formes en *l* mouillée, telles que *aille*, déjà mentionné, *vaille, veuille*, etc.

Temps de la deuxième série. — Il n'y a rien à observer ici quant aux temps de la deuxième série. Leurs flexions sont les mêmes pour les deux conjugaisons des verbes en *ir* et nous n'avons qu'à renvoyer à ce qui en a été dit ci-dessus. Les observations particulières trouveront leur place dans les paragraphes suivants.

Futur et conditionnel. — L'*i* de l'infinitif fut souvent élidé, comme l'*e* dans la première conjugaison, et les consonnes ainsi rapprochées subissaient alors les lois euphoniques ordinaires. Ex.: *Guarrez = guérirez, istrai = issirai* d'*issir, toldra = tolira* de *tolir, ferra = ferira* de *férir*. C'est ainsi que furent formés les futurs encore exclusivement usités de *mourir, tenir, venir*.

Cette conjugaison ne comprend plus que vingt-trois verbes simples, dont quatre sont défectifs. Plusieurs ne sont pas dérivés de verbes latins en *ire*. Ce sont les suivants, dont l'infinitif dans le latin classique était en *ĕre* ou en *ēre*, mais qui avaient déjà pour la plupart, comme tout porte à le croire, changé de conjugaison dans le latin vulgaire :

Gésir de *jacére; repentir* de *pœnitére; tenir* de *tenére;*

---

(1) On dit aussi *sache* à l'indicatif présent : *Je ne sache pas.* Il est dans ce cas dérivé de *sápio*, où le groupe *io* fut par exception traité comme le groupe *iam*.

courir de *cúrrere; quérir* de *quærère,* qui, plus régulièrement, ont fait aussi *courre* et *querre; — cueillir*
de *colligere; faillir* de *fállere* (1), qui a donné aussi
falloir avec la même faute contre l'accent; — *fuir*
de *fúgere* (2); *offrir* et *souffrir* de *offérre* et *sufférre* (3),
devenus sans doute *offerire* et *sufferire* dans le bas
latin.

Tous les autres verbes de cette conjugaison qui
nous restent sont dérivés de primitifs latins en *ire,*
mais dont un petit nombre seulement avaient, originairement du moins, le parfait en *ivi.*

Se conjuguent comme *servir :*

1° *Bouillir (bullire, ivi, itum),* sauf qu'il perd sa
consonne radicale *(ill)* aux trois personnes singulières du présent de l'indicatif.

2° *Dormir (dormire, ivi, itum).*

3° *Mentir;* 4° *partir;* 5° *sortir. —* Ces verbes
viennent de verbes déponents que la basse latinité
conjuguait sans doute activement. *Sortio* et *partio*
se trouvent déjà dans des auteurs antérieurs au
siècle de Cicéron.

6° *Repentir (pœnitere, pœnitui).*

7° *Sentir (sentire, sensi, sensum).*

On voit que la dérivation régulière ne pouvait
donner les temps de la deuxième série de ces deux
derniers verbes. On leur imposa les flexions normales
des verbes en *ir.*

---

(1) Italien : *fallire.*

(2) Italien: *fuggire;* provençal: *fugir;* espagnol: *huir;* roumain:
fugi.

(3) Italien : *sofferire, offerire;* roumain : *sufri;* espagnol : *sufrir;*
offerre, dans cette dernière langue, est devenu incohatif : *ofrecer.*

8° *Faillir (fallire* pour *fállere); 9° saillir (salire).* —
L'*l* mouillée du radical de ces deux verbes est due
à l'influence de l'*i* de la flexion. La conjugaison régulière a été *faus, faus, faut; saus,* etc. = *fal-s, fal-s,
fal-t; sal-s,* etc. Mais l'un et l'autre verbe tendent à
garder à toutes ces formes la consonne mouillée du
radical et à la faire suivre d'un *e* muet pour l'ap-
puyer. Ce changement a même eu lieu déjà complétement dans les composés de *saillir.* — Le futur de
ces verbes est aujourd'hui, dans l'usage ordinaire,
faillirai, saillirai. Mais les anciennes formes *saudrai,
faudrai,* formées par élision de la voyelle infinitive
avec épenthèse normale de la dentale entre *l* et *r*
(sal(d)rai, fal(d)rai), ne sont pas encore totalement
tombées en désuétude.

10° *Fuir.* — Ce verbe est très régulier. Il faut seulement remarquer que son radical se termine par un
i, représentant le *g (= j)* latin, et que cet *i* se contracte avec l'*i* de la flexion à l'infinitif *(fuir = fui-ir),*
au participe passé et aux temps de la deuxième
série. Partout ailleurs, c'est-à-dire aux temps de
la première série, il reste distinct de la flexion.
Fui-ons, fui-ais, fui-ions, fui-ant. Observons qu'on
change aujourd'hui l'*i* radical en *y* à toutes les
formes où la flexion est accentuée, et qu'on le
maintient tel quel quand c'est le radical qui porte
l'accent. Ex. : *Fuy-ons, fui-ent.*

Les cinq verbes suivants n'ont pas leur participe
passé en *i :*

1° *Vêtir (vestire, ivi, itum)* fait son participe passé
en *u.* A cela près, il se conjugue absolument *comme
servir.* Nous avons déjà noté que plusieurs com-

posés de ce verbe suivent la conjugaison inchoative ; ils font leur participe en *i*.

2° *Couvrir ;* 3° *ouvrir ;* 4° *offrir ;* 5° *souffrir.* — Ces verbes, conformément à l'étymologie, font au participe passé *couvert, ouvert, offert, souffert.* De plus, étant accentués en latin sur l'antépénultième syllabe aux trois personnes singulières du présent de l'indicatif, ils conservent à ces trois personnes la voyelle de la flexion latine, en la transformant en *e* muet. (Voir ci-dessus, page 85, note.) Ils se conjuguent, quant au reste, comme *servir.*

Cueillir. — *Colligere* produisit *cueillir* par une irrégularité semblable à celle que nous avons signalée dans la dérivation de *bénéir.* D'après la règle, cet infinitif aurait dû donner *cueillire,* comme *légere* donnait *lire* et *frigere, frire.* — Dans quelques provinces, on prononce *cueiller.* C'est à cette forme que se rapportent le futur et le conditionnel *cueillerai, cueillerais,* qui ont prévalu sur *cueillirai, cueillirais...* Tout au contraire de l'infinitif, le présent de l'indicatif (*cueille = cólligo*) a régulièrement conservé, comme les quatre verbes précédents et pour le même motif, la voyelle de la flexion latine, en la transformant en *e* muet. — L'*i* a réagi, comme d'habitude, sur l'*l* précédente pour la mouiller. (Cf. *bouillir, saillir,* etc.) — Ni le prétérit ni le participe passé de ce verbe ne sont dérivés du latin ; on leur a imposé les flexions *is, i,* propres à la conjugaison dans laquelle on l'a fait entrer.

Tenir, venir. — La voyelle radicale de ces deux verbes est modifiée en *ié* à toutes les formes où la flexion est sans accent ou a disparu, phénomène

analogue à celui que nous avons vu se produire
dans les verbes de la conjugaison en *er,* dont la
voyelle radicale est aussi un *e* muet, tels que *mener,*
jeter. Cette altération a été propagée sans nécessité
au futur et au conditionnel : *tiendrai, viendrai* (1).
L'ancienne langue disait aussi *tendrai, vendrai,*
et, sans *d* intercalaire, *tenrai, venrai (= ten(i)rai,*
ven(i)rai). — Ces verbes ont eu lorgtemps au subjonctif présent les flexions *ic, ge,* données directement par la dérivation. Ex. : *tienge, vienge* et aussi
viegne = viénie (cf. *aille = álie*), de *téneam, véniam.*

Tous les prétérits que nous avons vus jusqu'ici
nous ont montré, distincts l'un de l'autre, d'une
part le radical inaltéré du verbe, de l'autre les
flexions propres à ce *temps,* qu'elles fussent ou non
fournies par la dérivation. Ceux de *tenir* et *venir*
n'offrent pas la même régularité : ils résultent d'une
altération particulière du radical, produite au
début par le jeu normal des lois phonétiques, mais
qui n'affectait alors que trois personnes et qui a été
depuis propagée aux trois autres, d'après l'analogie
de la première du singulier (2).

Voici comment l'ancienne langue conjuguait ce
temps :

---

(1) Le futur ayant été composé, comme on l'a expliqué, de l'infinitif
du verbe joint à l'auxiliaire *ai,* l'instinct logique du peuple l'a amené
souvent à considérer comme des infinitifs complets et réguliers ce qui
reste après l'élimination de l'auxiliaire. De là les formes *tiendre,*
viendre, fréquentes dans le langage populaire.

(2) Cette propagation de l'altération radicale aux formes qui s'é-
taient dégagées avec des flexions distinctes et sonores ne fut adoptée
pour ces verbes, comme pour beaucoup d'autres, qu'après des hésitations de longue durée. (Voir ci-après, *Verbes en re.)*

Vin, venis, vint, venimes, venistes, vinrent (vindrent).
Véni, venisti, vénit, vénimus, venistis, venérunt (1).

On voit que ces anciennes formes sont fidèles à l'accent latin, excepté toutefois à la première et à la troisième personne du pluriel. Quant à cette dernière, on a déjà expliqué le recul de l'accent par un usage constaté dans le latin même. Dans *venimes*, au contraire, il est avancé. Il en est de même en italien, *venimmo*, et en espagnol, *vinimos*. Ces ressemblances permettent de conclure que la basse latinité plaçait elle-même l'accent sur l'*i*, d'après l'analogie de la deuxième personne qui l'a régulièrement sur cette lettre. Cette faute, au surplus, paraît avoir été générale dans les parfaits en *i (si, ui)* non contractes. Nous reviendrons sur ce sujet. — L'imparfait du subjonctif était autrefois *venisse* (2), etc., conformément à l'étymologie. Les formes *vinsse, tinsse* sont modernes et dérivées de *vins, tins,* d'après les règles ordinaires de formation de ce *temps*. — Le participe passé de ces deux verbes a été formé après coup par l'adjonction de la flexion *u*, dont l'origine sera expliquée plus loin, au radical pur.

Mourir. — Ce verbe change sa voyelle radicale *(ou)* en *eu* aux formes à flexion sourde (*meurs, meurent,* etc.) Cf. l'ancienne forme je *treuve* de *trouver*. — Il syncope au futur et au conditionnel la

---

(1) *Tenere* faisait au prétérit *tenui, tenuisti,* etc. Mais tout indique que l'*u* était déjà tombé dans le latin vulgaire, soit immédiatement, soit, comme à la troisième personne du pluriel, après s'être raffermi en *v (ténverunt* pour *tenuérunt)*. (Voir plus loin *valoir, vauloir.)* — L'italien a *tenni, tenesti, ténnero*.

(2) Forme conservée dans le patois saintongeois.

voyelle de l'infinitif. Son prétérit est en *us*. C'est
la forme propre à la conjugaison en *oir*. Il est, avec
courir, le seul des verbes en *ir* qui le fasse ainsi (1).
Le participe passé *mort* est dérivé régulièrement
de *mórtuus*.

Férir, gésir, issir, ouïr. — Ces verbes sont aujour-
d'hui défectifs ; ils n'ont plus d'usitées que les formes
suivantes : *férir, féru ; — gît, gisant ; — issant, issu ; —
ouïr, ouï*. Ils étaient tous les quatre d'un très fréquent emploi dans l'ancienne langue, à toutes leurs
formes.

Courir, quérir. — Ces deux verbes ne se ratta-
chent que par leur infinitif à la conjugaison en *ir*.
Mais ils en ont un autre qui, quoique moins usité,
permet de les classer dans la conjugaison en *re (ĕre)*,
à laquelle ils appartenaient, d'ailleurs, en latin,
comme nous l'avons déjà observé. C'est donc parmi
les verbes de cette conjugaison qu'on les trouvera,
rangés à la place qu'ils doivent y occuper.

II. — *Verbes en* re (= ĕre).

Le latin, pour passer en français, dut traverser
un défilé, une gorge étroite. Cette gorge, sans vouloir faire ici un jeu de mots, c'était l'organe vocal
des populations nouvelles appelées à le parler. Il
lui fallut, pour franchir ce passage, se contracter,
se réduire. Les flexions accentuées, comme des ar-

---

(1) L'ancienne langue avait aussi *jus* de *gésir*, forme résultant
d'une contraction *(jácui)*. Mais ce prétérit est aujourd'hui et depuis
longtemps hors d'usage.

mures de métal, résistèrent à la pression et au frottement; mais les flexions sans accent, comme des vêtements légers et flottants, s'aplatirent ou tombèrent, et les mots qui les portaient arrivèrent dans la nouvelle langue dénudés, meurtris, souvent mutilés et n'ayant plus forme grammaticale. Tel fut le sort d'un grand nombre des formes principales des verbes en *ĕre*. Ajoutons que de ces verbes les uns avaient le parfait simplement en *i*, les autres en *si*, les autres en *ui*, et que le radical de plusieurs d'entre eux subissait à ce *temps* des altérations plus ou moins profondes (1). Aussi, pour qui les considère au début de la langue, leur conjugaison offre-t-elle l'image du chaos. Rien d'étonnant, dès lors, qu'elle n'ait pas servi de modèle et qu'on se soit, au contraire, efforcé de la régulariser en restituant à la majeure partie de ses verbes l'intégrité de leur radical et leur prêtant, pour remplacer les flexions qu'ils avaient perdues ou que l'on éliminait, par instinct de l'ordre et besoin de l'unité, celles des conjugaisons qui s'étaient dégagées entières.

Voici le tableau des formes de *rompre*, l'un des verbes du principal groupe de cette conjugaison :

INFINITIF.

Rúmp ere.   Romp re.

---

(1) Ex. : *Facio, feci; rumpere, rupi; tendo, tetendi*, etc. Ces procédés compliqués devaient répugner au génie simple et logique de notre langue qui, de bonne heure, comme nous l'avons déjà constaté, conçut comme l'idéal d'une conjugaison régulière celle qui laissait à toutes ses formes le radical identique et inaltéré en y ajoutant des flexions sensibles.

— 95 —

INDICATIF PRÉSENT.

Rúmp o.	Romp , s.
Rúmp is.	Romp s.
Rúmp it.	Romp t.
Rúmp imus.	Romp ons.
Rúmp itis.	Romp ez.
Rúmp unt.	Romp ent.

Imparfait.

Rump ébam.	Romp oie, ois, ais.
Rump ébas.	Romp oies, ois, ais.
Rump ébat.	Romp oit, ait.
Rump ebámus.	Romp iens, ions.
Rump ebátis.	Romp iez (ieiz).
Rump ébant.	Romp oient, aient,

Impératif.

| Rúmp e. | Romp , s. |

Subjonctif présent.

Rúmp am.	Romp e.
Rúmp as.	Romp es.
Rúmp at.	Romp et, e.
Rump ámus.	Romp ons, ions.
Rump átis.	Romp ez, iez.
Rúmp ant.	Romp ent.

Gérondif.

| Rump éndum. | Romp ant. |

Participe présent.

| Rump éntem. | Romp ant. |

PRÉTÉRIT.

Rúp i.	Romp i, is.
Rup ísti.	Romp is.
Rúp it.	Romp it.
Rup ímus (1).	Romp imes (ismes), îmes.
Rup ístis.	Romp istes, îtes.
Rúp erunt (1).	Romp irent.

(1) Accentuation vulgaire pour *rúpimus, rupérunt.* (Voir ci-après, page 99.)

Imparfait du subjonctif.

Rup íssem.	Romp isse.
Rup ísses.	Romp isses.
Rup ísset.	Romp ist, ít.
Rup issémus.	Romp issiens, issions.
Rup issétis.	Romp issiez (issieiz).
Rup íssent.	Romp issent.

PARTICIPE PASSÉ.

Rúp tum.	Romp u.

OBSERVATIONS.

Infinitif. — Les infinitifs des autres conjugaisons, étant accentués sur la pénultième voyelle, durent, selon la règle, conserver celle-ci et laisser tomber la dernière. Les infinitifs en *ĕre,* au contraire, ayant l'accent sur l'antépénultième, subirent la loi commune à tous les mots de cette catégorie, c'est-à-dire qu'ils conservèrent leur dernière voyelle et que la pénultième fut élidée. A cela pour quelques-uns se borna le changement; mais, pour le plus grand nombre, cette première altération en entraîna d'autres commandées par les lois euphoniques applicables en pareil cas, et dont le résultat le plus ordinaire fut que leur radical cessa d'être identique avec celui des *temps* de la première série. Ces différentes altérations seront signalées plus loin, et nous fourniront des éléments secondaires de classification des verbes de cette conjugaison.

Futur et conditionnel. — Il arriva quelquefois que l'*e* pénultième, syncopé à l'infinitif, fut restitué au futur et au conditionnel. De là les formes telles que *renderai* et autres semblables, qui disparurent d'ailleurs d'assez bonne heure.

Indicatif présent. — Les trois personnes du singulier furent traitées comme les personnes correspondantes des verbes en *ir*. (Voir ce qui a été dit ci-dessus de ces dernières.) La première et la deuxième personne du pluriel, étant accentuées sur l'antépénultième syllabe, ne pouvaient donner que les flexions muettes *mes*, *tes*, et telles sont en effet celles qu'ont dû avoir dans le principe, à ces deux personnes, tous les verbes en *re*. Si haut qu'on remonte, on n'en trouve pourtant dans les textes que deux qui les présentent : c'est *dire* et *faire*. Les formes *distes* et *faistes* sont toujours restées, et le langage correct les emploie encore exclusivement (1). Quant à *dimes* et *faimes*, on les voit disparaître dès le XIIe siècle devant *dis-ons*, *fais-ons*.

Imparfait. — Ce temps, étant accentué partout sur la désinence, conserva toutes ses formes. Bien plus, comme nous l'avons déjà noté, ce furent ses flexions, déjà communes aux verbes en *ēre*, qui furent adoptées par les autres conjugaisons.

Subjonctif présent. — Les trois personnes du singulier *am*, *as*, *at*, donnèrent régulièrement *e*, *es*, *et*, flexions qu'adoptèrent d'abord les verbes en *er* *(are)* pour remplacer celles qu'ils avaient perdues, et que les verbes en *ir* et en *oir* laissèrent se substituer à celles qui leur étaient propres, après avoir vainement tenté d'imposer ces dernières aux deux autres conjugaisons. Les deux premières personnes du pluriel *ámus*, *átis*, produisirent normalement

---

(1) Le patois saintongeois et beaucoup d'autres ne connaissent que les formes analogiques *disez*, *fasez*.

ons, ez. Ces formes se rencontrent très fréquemment dans des verbes de toutes les conjugaisons, et on les voit employées depuis le Xe jusqu'au XVIe siècle, époque où les flexions *ions, iez,* régulièrement dérivées de *émus, étis,* par diphtongaison, ou de *iámus, iátis, eámus, eátis,* par synérèse, prévalurent définitivement.

Prétérit. — Parmi les verbes de cette conjugaison, nous l'avons déjà observé, les uns avaient originairement leur prétérit en *i,* les autres en *ui,* les autres en *si.* L'*u* de la flexion *ui* était déjà très probablement tombé en latin dans beaucoup de verbes, soit immédiatement, soit après s'être raffermi en *v.* Ce raffermissement de l'*u* avant sa chute avait eu lieu nécessairement à la troisième personne du pluriel, car si cette voyelle était restée telle, son accent l'aurait sauvée. Nous avons déjà vu dans le prétérit de *tenir (tenimes = ten(u)imus, tinrent = ten(ve)runt)* un exemple de cette chute. Nous montrerons plus loin, en traitant des verbes en *oir,* ce qui arriva quand l'*u* se maintint.

L'*s* de la flexion *si* fut d'abord conservée et persista dans beaucoup de verbes pendant un temps plus ou moins long; on l'attribua même à plusieurs qui n'avaient pas originairement cette flexion. C'est dans le courant du XVIe siècle qu'on la voit disparaître définitivement, aussi bien dans les verbes où elle était étymologique que dans ceux où elle s'était introduite par abus.

Trois personnes de ce *temps* étaient, dans le latin classique, accentuées sur la pénultième syllabe : c'étaient la deuxième de chaque nombre et la troi-

sième du pluriel; mais nous avons déjà vu (1) que le
latin vulgaire avait reculé l'accent de celle-ci sur
l'antépénultième, d'où résulta, comme à l'infinitif,
la syncope de l'*e* ainsi abrégé. Ce recul de l'accent
aurait réduit à deux les flexions accentuées si, par
un déplacement en sens inverse, on n'avait avancé
sur la pénultième voyelle l'accent de la première
personne du pluriel. Ce dernier changement d'accentuation, dont nous avons déjà cité deux exemples (2), avait sans doute eu lieu avant le dégagement des langues romanes, car on le constate dès
les plus hauts temps, non-seulement dans les formes
conservées, telles que *rendîmes,* mais encore dans
les formes archaïques et postérieurement contrac-
tées, telles que *desimes, fesimes,* etc., qui auraient
été certainement, dès le début, *dismes, fismes,* si
l'accent fût resté sur la voyelle qui le portait originairement, puisque les personnes accentuées sur le
radical, *díxi, díxit, díxerunt,* gardaient en français
l'accent à la même place : *dis, dist, disrent.*

Ainsi donc, au moment où naissait notre langue,
trois personnes de ce *temps* étaient, en latin, sans
accent sur leurs flexions et devaient, par conséquent, perdre ces dernières en passant en français.
Les trois autres, au contraire, avaient leurs flexions
accentuées, et par suite les conservèrent. Or, ces
flexions étaient les mêmes *(is, imes, istes)* que celles
des personnes correspondantes de la conjugaison en
ir. Il n'en fallait pas davantage pour que l'on fût

(1) Page 76.
(2) *Tenimes, venimes.*

conduit, comme fatalement, par le besoin de remplacer les flexions perdues, à compléter cette identité entre les deux conjugaisons, de la manière indiquée au tableau ci-après :

FORMES LATINES.	FORMES FRANÇAISES.	
—	Primitives.	Actuelles.
	—	—
Condúx i.	Conduis.	Conduis is.
Condux ísti.	Conduis is.	
Condúx it.	Conduis t.	Conduis it.
Condux ímus.	Conduis imes.	
Condux ístis.	Conduis istes.	
Condúx erunt.	Conduis rent.	Conduis irent.

Mais tous les prétérits de cette catégorie ne furent pas régularisés de la sorte (1). Pour quelques-uns, au lieu que ce fussent les personnes à flexion accentuée qui, par leur influence, fissent attribuer des flexions analogues aux trois autres personnes qui avaient perdu les leurs, ce furent, au contraire, les personnes à flexion tombée, c'est-à-dire celles qui étaient accentuées sur le radical, qui provoquèrent après coup, par leur exemple, la chute des flexions que leur accent avait sauvées. Cela d'ailleurs ne se fit guère que dans des verbes où les trois personnes sans flexion se terminaient comme si elles en eussent été munies (2). On prit alors leurs désinences pour

---

(1) Dans la langue écrite, bien entendu, car les patois, à part de rares exceptions, ne connaissent que des prétérits à flexion distincte. Exemples tirés du saintongeois : *Fas-it = fit, diss-it = dit, ven-it = vint, queneuss-it = connut, peurn-it = prit.* De même, au participe passé, *paraiss-ut = paru, lis-ut = lu, soy-ut = su, poy-ut, = pu.*

(2) Ex. : *Dis, dit, dirent.* Exceptez *tin, vin, prin,* où l'*i*, au lieu d'être pur, est nasal.

des flexions véritables attachées à un radical réduit, et l'on fit subir par analogie la même réduction aux trois autres personnes, afin que l'accent restât toujours à la même place. Dans quelques verbes, tels que *tenir* et *venir*, cette réduction se fit d'un seul coup, par l'élision de la voyelle de la flexion et le déplacement simultané de l'accent; dans le plus grand nombre elle n'eut lieu que par degrés : la consonne radicale tomba d'abord, et la diphthongue résultant de la synérèse qui s'en suivit se contracta ensuite, soit en *i*, soit en *u*. Ex. :

FORMES LATINES.	FORMES FRANÇAISES.		
—	Primitives.	Intermédiaires.	Actuelles.
Díx i.	Dis.		
Dix ísti.	Des is.	De ïs.	Dis.
Díx it.	Dis t.		Dit.
Dix ímus.	Des imes.	De ïmes.	Dîmes.
Dix ístis.	Des istes.	De ïstes.	Dîtes (distes).
Díx erúnt.	Dis rent.		Dirent.

Observons ici qu'après la chute de l'*e* abrégé de la troisième personne du pluriel, de nouvelles modifications résultèrent souvent, comme à l'infinitif, du conflit de l'*r* de la flexion avec la consonne radicale. Tantôt celle-ci tomba : *dirent, firent, vorent (vo(lue)-runt);* tantôt ce fut l'*r* qui disparut : *disent, fisent* (mais cela n'eut lieu qu'après la sifflante); tantôt enfin une dentale fut attirée devant l'*r, d* après les liquides : *vindrent, voldrent; t* après la sifflante : *distrent, mistrent,* etc. Toutes ces formes étaient employées d'ailleurs indifféremment; on les rencontre simultanément dans les mêmes textes, et celles qui ont prévalu (*vinrent, dirent, mirent,* etc.) ne sont pas plus récentes que les autres.

Imparfait du subjonctif. — Ce *temps* a suivi naturellement la fortune du prétérit. Aussi, dans les verbes où ce dernier a subi la contraction dont nous venons de parler, il s'est contracté lui-même et a cessé d'être fidèle, comme il l'était dans le principe, à l'accent latin. Ex. : *Desisse, deisse, disse (dixissem),* — *mesisse, meisse, misse (misissem),* — *fuisse, fusse (fuissem).*

Participe passé. — Ce *temps* étant, en latin, accentué sur le radical, perdit sa flexion en passant en français. On la remplaça, dans beaucoup de verbes de cette conjugaison et de la suivante, par *ut, u,* dérivation régulière de *útum,* désinence propre aux verbes en *úere,* et dans laquelle l'*u,* quoiqu'il fît partie du radical, fut considéré comme appartenant à la flexion, au même titre que l'*a* de *átum* et l'*i* de *ítum.* Ces participes en *útum* étaient fort rares dans la langue classique, mais tout porte à croire que le nombre s'en était accru dans le latin vulgaire (1). — Du reste, plusieurs des anciens participes à flexion sourde ou disparue survécurent plus ou moins longtemps à côté des nouveaux, et quelques-

---

(1) C'est ce qu'on peut légitimement induire de la présence simultanée dans plusieurs langues romanes de participes en *u* tels que les suivants :

ROUMAIN.	ITALIEN.	FRANÇAIS.
Avut.	Avuto.	Eu.
Beut.	Bevuto.	Béu.
Crescut.	Cresciuto.	Créu.
Cadut.	Caduto.	Chéu.
Vedut.	Veduto.	Véu.

uns sont encore en usage soit dans les patois (1),
soit dans la langue correcte, où ils jouent le rôle
de substantifs. Ex. : *Route = rúpta, vente = véndita*, etc.

Tous les verbes en *re* qui nous restent dérivent de
primitifs en *ĕre*, sauf un petit nombre qui seront
signalés ci-après. Nous les classerons, d'après le
procédé suivi par chacun d'eux dans la constitution
de son prétérit, en deux groupes principaux que
nous subdiviserons eux-mêmes d'après la désinence
(is ou *us)* de ce *temps*.

*1. — Verbes dont le radical est au prétérit distinct
de la flexion.*

A. — Prétérits en *is.*

a. Verbes à radical intact et partout identique. Participe passé à flexion distincte et accentuée. — Cette
classe comprend :
*1° Battre; 2° défendre; 3° descendre; 4° épandre;
5° fendre; 6° rendre; 7° tendre; 8° vendre; 9° perdre;
10° rompre; 11° fondre; 12° pondre; 13° vaincre;
14° perdre; 15° répondre; 16° tondre; 17° mordre;
18° tordre.* — Tous ces verbes dérivent de verbes
latins en *ĕre,* excepté les <u>cinq</u> derniers qui étaient
en *ēre* dans le latin classique, mais qui avaient déjà
dans le latin vulgaire abrégé leur voyelle infinitive,
comme le prouve la forme qu'ils ont en italien.
Leur conjugaison nous apparaît, dès le début de la
langue, constituée comme aujourd'hui, c'est-à-dire

---

(1) Ex. : Il m'a *répons....* (Patois saintongeois.)

que les formes actuelles sont aussi anciennes que les formes données par la dérivation pure (1). Tous ont conservé leur radical latin des temps de la première série et de l'infinitif, excepté *pondre* où le *d* est épenthétique, et *tordre* où il remplace le *q* latin. La mutation normale eût été *tortre* (2).

19° *Suivre*. — Il se conjugue comme les précédents, sauf qu'il fait son participe passé en *i*, comme s'il appartenait à la conjugaison en *ir*, à laquelle on le rapportait en effet souvent dans l'ancienne langue, ainsi que le prouvent les formes *suivir, sievir*. — Ce verbe dérive de *séquere*, forme vulgaire de *sequi*, moyennant la mutation de la gutturale dure en la labiale douce aspirée, mutation assez rare, mais dont ce n'est pas là le seul exemple. (Cf. *Antive = antiqua, ewe = aqua.*) *Viv-ere — vic-si (vixi), niv-is — nic-s (nix)* nous montrent, dans le latin même, le changement contraire.

b. Verbes à radical entier mais variable et à participe passé sans flexion sensible. — Cette classe comprend

---

(1) Ex.: *Vencut = victus (Saint Léger), perdud = pérditus (id.), rendi, respundi, tendirent (Saint Alexis, IV livres des Rois, Chanson de Roland).* — Il faut faire une exception pour ceux de ces verbes qui avaient le parfait en *si* dans le latin soit classique, soit vulgaire, tels que *tordre, mordre.* Leur prétérit fut d'abord et resta longtemps exclusivement étymologique. Ex.: *Morsent = mórserunt, torstrent = tórserunt.* Lorsque cette *s* tomba, on lui substitua la consonne radicale dans les verbes où elle l'avait remplacée : *mord-irent, tord-irent.*

(2) Le *c* de *vincere* fut aussi d'abord changé en dentale : *veintre;* mais cette forme fut abandonnée d'assez bonne heure. Le *t* parut trop dur et on le changea en *c*, ce qui rendit à ce verbe son radical primitif. (Cf. *chartre = cárcerem.*) Au contraire, *trémere* a fait *craindre.*

tous les verbes en *aindre, eindre, oindre* (1). Ils dérivent presque tous de verbes latins en *áng(e)re,*
ing(e)re, úng(e)re, dont le *g*, à l'infinitif, s'est régulièrement changé en *d* devant l'*r*. (Cf. *sourdre* de
súrgere.) Aux autres formes, c'est-à-dire devant des
voyelles, ce *g* s'est ramolli et finalement fondu en
un *i* qui, s'unissant à l'*n* pure précédente, l'a transformée en *n* mouillée (2). Parmi ces verbes il en est
trois, *craindre, empreindre* et *épreindre,* où le *d,* au
lieu de représenter un *g* latin, est épenthétique.
(Cf. *pondre.*) Mais on les a conjugués à tous leurs
temps, par analogie, comme s'ils fussent dérivés de
primitif en *ngĕre* (3). — La forme actuelle du prétérit de ces verbes est relativement récente ; ils n'en
eurent d'autre pendant longtemps que la forme
étymologique en *s* (4) que l'on trouve usitée jusqu'au
XVIᵉ siècle. C'est au XIVᵉ que celle-ci commence
à être remplacée par la première. — Le participe
passé est resté fidèle à l'accent latin et aux lois de

---

(1) En voici la liste : 1° *atteindre (attingere),* 2° *ceindre (cingere),*
3° *craindre (trémere),* 4° *empreindre (imprimere)* et *épreindre*
(exprimere), 5° *éteindre (extinguere),* 6° *étreindre (stringere)*
avec *restreindre* et *contraindre,* 7° *feindre (fingere),* 8° *freindre*
(frángere) qui ne subsiste plus que dans le composé *enfreindre,*
dérivé lui-même directement de *infringere,* 9° *joindre (júngere),*
10° *oindre (úngere),* 11° *peindre (pingere),* 12° *plaindre (plán-*
gere), 13° *poindre (púngere),* 14° *teindre (tingere).*

(2) Cette fusion du *g* nous offre la contre-partie du raffermissement
en *g* de l'*i* de la flexion *ie (iam, eam)* : *alge, valge,* etc. — C'est, du
reste, un phénomène très fréquent et dont le parler populaire nous
offre encore de nombreux exemples. Cf. le grec moderne, où la même
fusion a lieu constamment.

(3) Cette assimilation ne fut pas immédiate, comme le prouvent les
formes telles que *criesment (= tremunt).*

(4) Ex. : *Joins, joinsis, joinst,* etc. *= júnxi, junxisti, junxit,* etc.

dérivation, c'est-à-dire qu'il n'a pas remplacé, comme celui des verbes précédents, sa flexion oblitérée : *éteint (= extinctus)*.

c. *Verbes dont la consonne radicale est syncopée à l'infinitif.* — Cette classe comprend *écrire* et tous les verbes en *uire*, savoir : *luire, nuire, cuire,* et *duire* et *struire,* qui n'existent que dans leurs composés :

Scríbere — *écri-re, écriv-ons, écriv-is, écri-t.*

Dúcere — *dui-re, duis-ons, duis-is, dui-t.*

Les composés de *struire (strúere),* bien que leur radical ne se termine point en latin par une consonne, ont été par analogie conjugués comme les autres verbes en *uire.* — *Nocére* et *lucére,* d'où dérivent *nuire* et *luire,* étaient déjà passés, dans le latin vulgaire, dans la troisième conjugaison, comme le prouvent les formes italiennes *nócere, lúcere.* — Ces deux verbes n'ont pas de *t* au participe passé. Dans les autres, le *t* est le seul reste de la flexion latine *(scrip-tum, duc-tum).*

Tous ces verbes, excepté *nocere,* avaient en latin le parfait en *si (psi, xi).* De là les formes telles que *escrist (scripsit), duistrent (duxerunt),* etc., qui furent d'abord exclusivement employées et qui ne commencèrent à disparaître que vers le XVᵉ siècle devant les formes analogiques de la conjugaison régulière actuelle.

d. — Les deux verbes suivants ont perdu à l'infinitif, de même que les précédents, la consonne (simple ou double) du radical, mais ils l'ont remplacée par une autre :

1º *Coudre (consúere).* — L'*u* s'étant raffermi en *v,* l'accent recula sur l'*o,* d'où, après la chute du *v,* habituelle en pareil cas, *consre*, qui devint *cousre* (cf. *moustier* de *monstier*, etc.), et, par l'intercalation normale du *d* entre *s* et *r*, *cousdre*. L's tomba plus tard à l'infinitif, chute ordinaire devant toutes les consonnes (1), mais il se maintint partout ailleurs, d'où les formes actuelles. Remarquons que le participe passé de ce verbe, bien qu'il soit en *u*, est régulièrement dérivé du latin : *cous-u, consú-tum*. Il n'y en a que deux autres *(battu, solu)* dans le même cas.

2° *Naître (náscere,* forme du latin vulgaire pour *nasci).* — L'intercalation normale du *t* entre *s* (pour *ss = sc*) et *r* a produit *naistre*, d'où, après la chute habituelle de l's (voir le verbe précédent), *naître.* Le groupe *sc*, resté ailleurs, est devenu *ss* aux temps de la première série et s'est changé, par suite du raffermissement du *c*, en *squ* à ceux de la seconde : *nasquis*, d'où *naquis*. — Le participe passé est resté tel que le donnait la dérivation régulière : *né = nátus.*

B. — Prétérits en *us*. — Participe passé en *u*.

Il n'y a que quatre verbes dans cette subdivision.

1° *Courre (cúrrere, cucúrri).* — Le prétérit de ce verbe et son participe passé reçurent dès les plus hauts temps leurs flexions actuelles que ne pouvait donner la dérivation.

2° *Moudre (mólere = molre = mol(d)re = moudre).* — Ce verbe reprend l'*l* à toutes les autres formes, bien qu'il conserve l'*u* qui compensait la chute de

---

(1) *Isle = île, distes = dítes*, etc., etc.

cette consonne à l'infinitif. De là le nouveau radical *moul*. Le prétérit se forme par l'adjonction à ce radical de la série régulière des flexions en *u*, dont la constitution et la propagation seront expliquées ci-après. Le parfait latin, bien qu'en *ui*, ne pouvait la donner complète.

3° *Soudre (sól(ve)re = solre = soldre)*. — Usité seulement dans ses composés. Le *v* syncopé à l'infinitif, reparaît aux temps de la première série. Le prétérit de ce verbe était autrefois *sols, solsis, solst*, etc., ce qui suppose un parfait bas latin *solsi* au lieu de *solvi*. (Cf. *vouloir, valoir*.) La forme actuelle ne paraît pas remonter au delà du XIVe siècle. — Le participe passé a deux formes aussi anciennes l'une que l'autre, *solu* et *sous (= sols)*. La première est régulièrement dérivée de la forme classique *solútum;* la seconde suppose une forme vulgaire *sólsum*, correspondant au parfait *solsi* (1).

4° *Vivre (vivere, vixi)*. — Ce verbe avait en latin deux radicaux différents, *viv* et *vic* (2). Le français les a conservés l'un et l'autre et a même attribué au dernier l'*s* de l'*x*, qui, en latin, appartient à la flexion, d'où, par suite d'une métathèse fréquente en pareil cas (3), l'ancienne forme *vesqu-is* et la nouvelle *vesc-us* (aujourd'hui *vécus*); celle-ci n'est devenue d'usage habituel que vers le XVIe siècle.

---

(1) Cf. les formes italiennes *sciolsi* et *solúto — sciolto*. Cette dernière suppose *solútum* et non *solsum*.

(2) Voir ci-dessus, page 104, sur le changement du *v* en *c* dur.

(3) Cf. *benesquis = bene(di)xisti, lasquet = laxat (Saint Thomas*, v. 1171), *lasquent = laxant (Chanson de Roland*, v. 3877). Le peuple dit *sesque* pour *sexe*, *fisquer* pour *fixer*, etc.

*2. — Verbes dont le radical se confond au prétérit
avec la flexion.*

A. — Prétérits en *is*

*a. Verbes dont la consonne radicale n'est pas élidée à
l'infinitif.*

1º *Mettre (mittere, misi).* — Ce verbe ne donne
lieu à aucune observation particulière.

2º * *Prendre (préndere).* — Le radical de ce verbe
subit des changements analogues à ceux que nous
avons signalés dans les verbes *tenir* et *venir* et dans
les verbes en *ener, eler,* etc. L'*e*, devenu muet devant
les flexions accentuées, se change en *é* ouvert devant
les flexions sourdes et conserve le son de l'*a* nasal
dans les formes sans flexion : *Pren-ons, prenn-e,
prend.* Dans l'ancienne langue, ce son nasal et le *d*
radical furent souvent maintenus, même dans les
formes à flexion sonore : *prendons, prendez.* — Le
prétérit eut deux formes, l'une dérivée du parfait
classique *prendi* (1) *(prin, prindrent),* l'autre *(pris,
presis, pristrent)* d'une forme vulgaire, *presi,* que
l'italien a conservée et qui a pareillement prévalu
en français.

3º *Querre (quærere).* — Ce verbe n'est plus usité
que dans ses composés. Son futur et son conditionnel sont composés avec *querre;* mais cette forme
infinitive ne sert plus isolément; on emploie exclusivement *quérir.* — Il change régulièrement en *ie*
son *e* radical, bien que cet *e* ne soit pas muet, à

---

(1) Cf. *vin = veni, tin = tenui.*

toutes les formes à flexion sourde. — Il avait dans le latin classique son parfait en *ivi* et son participe passé en *itum*. Mais le latin vulgaire avait sans doute ramené ces deux temps au type normal des verbes en *ĕre*, et prononcé *quæsi*, *quæserunt*, *quæstum*, au lieu de *quæsi(v)i*, *quæsi(v)erunt*, *quæsitum*, d'où en français *quis*, *quis(t)rent*, *quis*, par suite du changement fréquent et normal de l'*e* long et accentué (*œ = e*) en *i* (1).

b. Verbes dont la consonne radicale est élidée à l'infinitif.

1° * *Faire (fácere, féci, factum).* — Le *c* radical est resté, transformé en *s*, aux temps de la première série ; mais cette *s* qui a pris normalement le son du *z* à l'indicatif présent, à l'imparfait et au participe présent, a conservé celui qui lui est propre au subjonctif présent. L'*a* radical ne s'est pas non plus, à ce dernier temps, changé en *ai*. — Au futur et au conditionnel, l'*ai* s'assourdit en *e* muet : *ferai*. L'ancienne langue disait même *frai*, *frum*. (Cf. les verbes en *er*.) Cet assourdissement affecte aussi les formes à flexion accentuée du présent indicatif et tout l'imparfait *(fesons, fesais)*. — Nous avons déjà signalé les formes *faimes*, *faistes*, dont la dernière seule est restée. — *Font* est régulièrement dérivé de *fáciunt*. — *Féci*, *fecísti*, *fécit*, etc., produisirent, moyennant le changement normal de l'*é* en *i*, *fis*, *fesis*, *fit*, d'où *feis*, *fis*, etc.

---

(1) Cf. *féci = fis* et les nombreux verbes en *ère* passés dans la conjugaison en *ir*. Ce changement était fréquent dans le latin même. (Voir ci-dessus, page 78.)

2° * *Dire (dicére).* — Le *c* latin syncopé (1), comme dans *faire*, à l'infinitif, reparaît transformé en *s* (= *z*) aux temps de la première série. Dans l'ancienne langue et jusqu'au XVIIe siècle, cette *s* tombait devant les flexions en *e* muet : *ils dient, que je die.* Les formes *dimes, dites* ont été déjà signalées et expliquées.

3° *Occire, circoncire (occidére, circumcidere).* — Le *d* radical, syncopé à l'infinitif, se change en *s* aux temps de la première série. Il avait dû subir ce changement en latin dans ceux de la seconde, comme le prouvent les formes de l'ancienne langue *ocist (occidit), ocistrent (occiderunt).*

4° *Confire (conficere, conféci).* — Le prétérit s'est formé comme celui de *faire.* — L's, représentant le *c* radical, persiste, inaltéré, à tous les temps de la première série. — Le participe passé est *confit,* dérivé régulièrement de *conféctum.*

5° *Rire (ridére, risi, risum).* — Ce verbe avait déjà changé de conjugaison dans le latin vulgaire, comme le prouve la forme italienne *ridere.* Le *d* radical y est syncopé à toutes les formes.

B. — Prétérits en *us.*

a. *Verbes dont la voyelle radicale est tombée à l'infinitif, après l'intercalation d'un t.*

1° * *Être (éssere — estre).* — Cette forme du latin

___

(1) Le *c* latin dut être dans le principe conservé (avec le son de l's), même à l'infinitif. C'est ainsi seulement qu'on peut expliquer les futurs *didrai, ditrai* (= *dis(d)rai* = *disrai*) qu'on trouve dans la *Vie de saint Léger*, v. 7 et 9. (Cf. *disrent, distrent* = *dirent.*)

vulgaire (*essere*) d'où dérive notre infinitif *être* est restée en italien sans altération. — Il y en avait une autre *sér(e)* restée en espagnol et de laquelle dérivent le futur et le conditionnel du français et de l'italien. De la forme *estre*, notre ancienne langue avait formé régulièrement un autre futur, *estrai*, dont l'emploi cessa de très bonne heure. Elle en avait encore un troisième, *er, eres, ert, ermes*, etc., régulièrement dérivé de *éro*.

L'indicatif présent est régulièrement dérivé du latin. On trouve dans les vieux textes une forme *eimes, esmes = sommes*, formée d'après l'analogie de *estis*, mais qui paraît avoir été à peine essayée.

L'imparfait dans le principe avait deux formes, l'une dérivée de *éram : ere, eres, eret*, etc., l'autre formée de toutes pièces par l'adjonction des flexions de ce temps au nouveau radical *est* (1). La première paraît n'avoir été usitée qu'aux personnes à flexions sourdes.

L'impératif *(sois)* n'est ni dérivé du latin, ni emprunté à l'indicatif. C'est le subjonctif qui l'a fourni.

Subjonctif présent. — Dérivé du latin, moyennant le changement normal de *i* en *oi*. Les deux premières personnes du pluriel ont reçu dès le début les flexions sensibles *ons, ez*, que ne pouvait donner la dérivation.

Participe présent. — On regarde généralement ce

---

(1) Ce qui prouve qu'il en est bien ainsi et que *être* n'a pas emprunté, comme on serait d'abord tenté de le croire, l'imparfait de *ester*, c'est que le dialecte normand offre simultanément, dans les mêmes textes, les formes *estoe (= stabam)* et *esteie* qui ne peut être que l'imparfait de *estre*. — (Voir Littré, ii, 201.)

temps comme emprunté à *ester*. Mais rien n'interdit de le considérer comme formé directement par
l'adjonction de la flexion *ant*, commune à tous les
verbes, au radical *est*. (Cf. l'imparfait.)

Prétérit :

FORMES LATINES.	FORMES FRANÇAISES.	
Fúi.	Fui,	Fus.
Fuísti.	Fuis,	Fus.
Fúit.	Fuit,	Fut.
Fúimus.	Fuimes,	Fumes.
Fuístis.	Fuistes,	Fustes.
Fúerunt.	Furent.	

Les personnes dont l'*i* était sans accent le laissèrent tomber et durent avoir immédiatement pour
l'oreille la forme qu'elles ont aujourd'hui. Celles
dont l'*i* était accentué, c'est-à-dire la deuxième de
chaque nombre et probablement aussi la première
du pluriel (1), unirent cet *i* par synérèse à l'*u* précédent, d'où résulta une diphthongue, dont le premier élément, devenu bientôt prépondérant par
suite de l'influence des trois personnes en *u* pur,
amena peu à peu la chute du second.

La même élimination de l'*i* à la suite d'une synérèse eut lieu à l'imparfait du subjonctif. Les formes
anciennes sont *fuisse*, etc., qui devinrent bientôt
fusse, etc., comme aujourd'hui.

L'emploi continuel qu'on a fait de tout temps du
verbe *être* explique suffisamment que les désinences
us, *usse*, considérées comme des flexions véritables
(bien que l'*u* appartînt au radical) aient été attri-

---

(1) Voir ci-dessus, page 99.

buées à beaucoup de verbes, tels que *courir, mourir, lire, vivre, croire,* auxquels la dérivation ne pouvait les fournir. Elles ne furent pas non plus sans influence sur la constitution définitive du prétérit des verbes qui l'avaient originairement en *ui* (ou *vi*) non accentué, tels que *pouvoir, devoir* èt autres.

Participe passé. — Il a été emprunté au verbe *ester.* — Le latin vulgaire en avait cependant attribué un au verbe *esse(re)*, que l'on retrouve dans l'espagnol *sido,* et dans le vieil italien *suto.*

2° *Connaître;* 3° *croître;* 4° *paître* (1); 5° *paraître.* — L'infinitif de ces verbes a été formé, comme *être* et *naître,* par l'intercalation d'un *t* entre *s (= ss = sc)* et *r,* suivie, longtemps après, de la chute de l's. — La consonne double du radical reste aux temps de la première série. — Le prétérit pour les trois premiers résulte de la contraction de la voyelle radicale avec le *v* suivant changé en *u.* — Le participe passé a été formé, d'après l'analogie, du prétérit. — *Paraître* n'a pas les temps de la deuxième série. Il emprunte ceux de *paroir,* vieux verbe usité seulement dans quelques formes de ses composés.

b. Verbes dont la consonne radicale a été élidée sans intercalation de dentale.

1° *Boire (bibere).* — Le *b* radical fut d'abord conservé, changé en *v : boivre.* — Quelques dialectes, celui de Normandie, par exemple, changeaient *i* en *e* (ou *ei*), d'où *bevre.* C'est à ce radical qu'appartient le prétérit, *bus = beus,* le *v* s'étant, comme d'habitude en pareil cas, changé en *u.* — Ce verbe est

---

(1) Ce verbe n'est usité en entier que dans ses composés.

un de ceux dont le radical n'est pas le même aux formes à flexions accentuées qu'aux formes à flexions sourdes : *boire, bois, boivent,* — *buvons, buvant,* etc.

2° *Lire (légere).* — Le *g* radical est représenté aux temps de la première série par *s (= z),* mutation normale. — La vieille langue avait le prétérit *lis, lesis,* etc., formé régulièrement de *légi,* comme *fis, fesis,* etc., de *féci.* La forme *lus,* qui a prévalu, est moins ancienne que l'autre.

3° *Plaire (placére);* 4° *taire (tacére).* — L'ancienne langue avait aussi les formes *taisir, plaisir,* plus fidèles à l'accent latin, et dont la dernière est restée comme substantif (1) dans la langue actuelle. — Le *c* radical maintenu (changé en *s*) aux temps de la première série a été syncopé à ceux de la seconde, d'où *pláui, táui, plauísti, tauísti,* etc., et, par synérèse, après le changement normal d'*a* en *e,* les formes modernes.

5° *Croire (crédere).* — Ce verbe garda d'abord la dentale du radical, même à l'infinitif *(creidre, credre).* Il la perdit bientôt à toutes ses formes et ne la remplaça nulle part. Son radical se termine donc par un *i,* qu'on représente par *y* devant les flexions accentuées. (Cf. ci-dessus *fuir.*) — Son prétérit fut d'abord conforme à l'étymologie, comme celui de *lire : crei (=·cré(d)idi),* etc. Mais on lui imposa de bonne heure les flexions en *u.* .

Ce verbe avait un composé, *recroire,* très usité dans l'ancienne langue au participe présent *recréant*

---

(1) Cf. *loisir (licére),* autre infinitif qui a eu la même fortune.

et surtout au participe passé *recreu* (ce dernier est resté en usage jusqu'au XVIIe siècle), avec le sens de *las, découragé, vaincu, épuisé*. On appliquait même le dernier aux animaux : *Un cheval recru*. Cf. le grec ἀπαγορεύω, dont la signification la plus habituelle *être harassé, rebuté, n'en pouvoir plus*, se déduit de la primitive *(dire non, renoncer)* d'après la même analogie. Henri Estienne n'a pas signalé cette curieuse *conformité*.

6° *Conclure (concludere)* (1). — Le *d* est syncopé partout. Le prétérit *conclus*, etc., est l'exacte reproduction du latin *conclusi*, etc., sauf les modifications communes à tous les prétérits de cette classe.

Les verbes qui suivent, manquant aujourd'hui de prétérit, n'ont pu trouver place dans les cadres précédents. Ils ne sont, pour la plupart, usités qu'à deux ou trois formes.

1° *Ardre*, de *ardére*, qui, plus régulièrement, donna aussi *ardoir*. L'ancienne langue avait le prétérit *ars, arst, arstrent*, dérivé de *arsi*. — Le participe *ardent(em)* produisit normalement *ardent*, resté comme adjectif.

2° *Braire* (origine incertaine).

3° *Bruire (rugire* (?) avec prosthèse du *b)*. — L'infinitif aurait dû, d'après la règle, être en *ir*. Mais on l'a traité comme les infinitifs proparoxytons ayant l'antépénultième en *i*, tels que *di(ce)re, occi(de)re*, etc.

4° *Clore (claudere)*. — Le parfait *clausi* se retrouve dans l'ancienne langue : *clos, closis, clost, clostrent*.

---

(1). De même *exclure*. — *Reclure* n'est usité qu'au participe passé.

5° *Geindre* (de *gémere*), qui donna aussi *gémir*, avec faute contre l'accent.

6° *Frire (frigere)*.

7° *Sourdre* (de *súrgere* (1), moyennant la mutation normale de la gutturale douce en la dentale de même degré). Ce verbe, dans l'ancienne langue, avait un prétérit en *s : surst, surstrent*, formes qui supposent un parfait bas latin *sursit, súrserunt*, au lieu de *surréxit, surréxerunt* (2).

8° *Traire (tráhere)*. — Ce verbe est usité à toutes les formes de la première série et au participe passé *(trait = tráctum)*. L'ancienne langue avait le prétérit *trais, traisis (= tráxi, traxisti)*.

III. — *Verbes en* oir.

Cette conjugaison correspond à la deuxième conjugaison latine *(ēre)*, mais elle est loin de renfermer tous les verbes de cette désinence infinitive dont la langue française se trouva en possession à sa naissance, car nous avons vu qu'un certain nombre de verbes ordinairement en *ēre* étaient entrés soit dans la conjugaison en *re*, soit dans l'une ou l'autre des conjugaisons en *ir*. En revanche, quelques verbes en *ēre* passèrent dans la conjugaison en *oir*. Nous les signalerons en leur lieu.

Les verbes en *oir* sont, de tous les verbes français, ceux qui ont la physionomie la plus archaïque. Ce sont ceux qui ont conservé le plus fidèlement la

---

(1) *Surgere* a donné aussi *surgir*, avec faute contre l'accent.

(2) On trouve néanmoins dans quelques textes des dérivés des formes classiques; ex. : *resurrexis = resurrexisti* (*Chans. de Roland*, v. 2385.)

forme sous laquelle ils se dégagèrent, et à la constitution desquels l'analogie a le moins travaillé. A peine s'il en est trois dans le nombre (je ne parle que des simples) qu'on puisse ranger sous la même loi. Aussi leur conjugaison répond-elle moins encore que celle des verbes en *re* à l'idée que nous nous faisons aujourd'hui d'une conjugaison régulière. C'est, pour ce motif peut-être, celle qui a fait les pertes les plus nombreuses.

Elle ne renferme plus que seize verbes simples dont la moitié au moins sont défectifs ou surannés en partie, et l'on peut prévoir le moment où il ne restera d'entiers que ceux dont l'emploi fréquent ou le rôle important dans le langage doivent prévenir la péremption, tels que *avoir, vouloir, devoir*. — Voici le tableau des formes de ce dernier :

INFINITIF.

Deb ére.	Dev oir.

INDICATIF PRÉSENT.

Déb eo.	Doi , s.
Déb es.	Doi s.
Déb et.	Doi t.
Deb émus.	Dev ons.
Deb étis.	Dev ez.
Déb ent.	Doiv ent (1).

Imparfait.

Deb ébam.	Dev oie, ois, ais.
Deb ébas.	Dev oies, ois, ais.
Deb ébat.	Dev oit, ait.
Deb ebámus.	Dev iens, ions.
Deb ebátis.	Dev iez.
Deb ébant.	Dev oient, aient.

---

(1) Voir la note 1 de la page suivante.

Impératif.

Déb e.   Doi , s.

Subjonctif présent.

Déb eam.   Doiv e (1).
Déb eas.   Doiv es (1).
Déb eat.   Doiv et, e (1).
Deb eámus.   Dev iens, ions.
Deb eátis.   Dev iez.
Déb eant.   Doiv ent (1).

Gérondif.

Deb éndum.   Dev ant.

Participe présent.

Deb éntem.   Dev ant.

PRÉTÉRIT.

Déb ui.   Dui (deus), dus.
Deb uísti.   Dé üs, deus, dus.
Déb uit.   Dut (deut), dut.
Deb uímus (2).   Dé ümes, deumes, dûmes.
Deb uístis.   Dé üstes, deustes, dûtes.
Déb uerunt (2).   Du rent (deurent), durent.

Imparfait du subjonctif.

Deb uíssem.   Dé üsse, deusse, dusse.
Deb uísses.   Dé üsses, deusses, dusses.
Deb uísset.   Dé üst, deust, dût.
Deb uissémus.   Dé üssiens, ions, deussions, dussions.
Deb uissétis.   Dé üssiez, deussiez, dussiez.
Deb uíssent.   Dé üssent, deussent, dussent.

PARTICIPE PASSÉ.

Déb itum.   Dé ü, deu, dû.

---

(1) Le *v*, à ces formes, tombait souvent dans l'ancienne langue.
(2) Accentuation vulgaire. Les formes classiques étaient *debúimus,*
debuérunt. (Voir ci-dessus, p. 99.)

OBSERVATIONS.

Infinitif. — *Oir* est la dérivation régulière de *ére* dans le dialecte de l'Ile-de-France et de la Bourgogne (cf. *oie* = *ébam*); en Normandie, *ére* avait produit *eir* ou même *er*. (Cf. *eie* = *ébam*.) On a hésité longtemps pour plusieurs verbes de cette conjugaison entre les flexions *oir* et *re*. Ex. : *ardoir* et *ardre* *(ardére)*, *manoir* et *maindre (manére)*, *recevoir* et *rezoivre (recipere)*, doubles formes qui témoignent, avec les exemples déjà cités aux articles des verbes en *ir* et en *re,* du peu de fixité de l'accent dans les verbes en *ĕre* et en *ẽre* au moment où notre langue prit naissance.

Futur et conditionnel. — Nous avons déjà vu que les verbes en *er* et en *ir* élidaient souvent à ces deux *temps,* dans l'ancienne langue, la voyelle de l'infinitif. Trois verbes seulement de la conjugaison en *ir* (non inchoative) ou cinq, si l'on y comprend *courir* et *quérir,* usent encore de la même licence. Mais ce qui n'est plus qu'une exception parmi ceux-ci est la règle générale pour les verbes en *oir*. La conjugaison de ces derniers se confond par ce côté avec celle des verbes en *re* (1).

Temps de la première série. — La plupart des ver-

----

(1) Il ne serait pas impossible que les formes infinitives telles que *maindre, ardre,* au lieu d'être dues à un recul de l'accent, eussent été déduites après coup du futur *ardr(ai), maindr(ai)*. (Cf. ci-dessus, page 91, note 1, sur *viendre, tiendre*.) C'est l'opinion de M. Burguy, et M. Diez, d'après M. Gaston Paris, n'est pas éloigné de la partager.

bés en *oir* modifient, comme *devoir*, sous l'influence de l'accent, leur voyelle radicale aux formes à flexion sourde de la première série. Ils changent *e* en *oi* (1), *bu* en *eu* (cf. *mourir, meurs*), *a* en *ai*. Ils appartiennent ainsi en majorité à ce que M. Burguy appelle la conjugaison *forte,* et c'est là le trait le plus saillant de leur caractère archaïque (2).

Indicatif présent. — Le groupe *eo* (première personne du singulier) n'étant compté, comme le groupe *io,* que pour une syllabe (voir ci-après, subjonctif, sur *eam = iam*), tombe de même tout entier. La voyelle de la flexion tombe pareillement, conformément à la règle, aux deux autres personnes du singulier. La consonne radicale suit la voyelle dans sa chute si c'est une labiale (3). Elle persiste, identique ou transformée, si c'est une liquide. — Les deux premières personnes du pluriel reçurent dès le principe les flexions *ons, ez.* On trouve cependant *devemps = debemus* dans *Saint Léger,* vers 1. Mais ce poème, nous l'avons déjà dit, n'appartient pas à la langue d'oïl pure.

---

(1) Le dialecte normand changeait ici, comme dans tous les cás, *é* en *ei.*

(2) Cette diphthongaison de la voyelle radicale, qui n'est plus qu'un accident et un archaïsme dans la langue française ainsi que dans la langue italienne, est pratiquée encore sur une très grande échelle dans la langue espagnole. Les grammaires de cette langue donnent de longues listes de verbes de toutes les conjugaisons qu'elles qualifient d'irréguliers, tels qu'*almorzar, acertar, jugar,* et dont la prétendue irrégularité consiste à diphthonguer régulièrement *e* en *ie* et *o* et *u* en *ue* aux formes à flexion sourde de la première série.

(3) Dans l'ancienne langue, la labiale persistait quelquefois, sous forme d'*f,* à la première personne et aussi à l'impératif. Cette observation s'applique également aux verbes des autres conjugaisons.

16

Imparfait. — Dérivation régulière de la forme latine. — Nous avons déjà observé que ce sont les flexions communes aux verbes en *ēre* et en *ĕre* qui ont été adoptées par toutes les conjugaisons.

Impératif. — Trois verbes de cette conjugaison, au lieu d'emprunter ce *temps* à l'indicatif, le tirent du subjonctif. Ce sont *avoir, savoir, vouloir.* Ils sont, avec *être*, les seuls verbes de la langue qui soient dans ce cas.

Subjonctif présent. — *Eam*, prononcé très probablement comme *iam* (1), donna la même dérivation que cette dernière flexion, savoir : *ie, je, che.* Quelques verbes de cette conjugaison sont, avec *aller,* les seuls qui la présentent aujourd'hui.

Gérondif et participe présent. — En *ant* dès les plus hauts temps.

Prétérit. — *Fui* et *pluit,* étant les seuls parfaits en *ui* (2) qui portassent l'accent sur l'*u* à la première personne du singulier et à la troisième des deux nombres *(fúi, fúit, fúerunt),* furent les seuls qui conservèrent cette voyelle à ces trois personnes en passant en français. Tous les autres durent la perdre, parce que leur radical, ayant au moins une syllabe

---

(1) Cette assimilation de l'*e* à l'*i* devant une autre voyelle est très fréquente. (Cf. *lion = leonem, criature (Brut,* v. 1750), etc.) Elle est *nécessaire* dans tous les cas où l'*i* s'unit par synérèse à la voyelle suivante, ce qui arrive fréquemment dans le parler populaire, peu avare, comme on sait, de contractions. Ex. : *agriable = agréable.* (Cf. entre mille autres le premier vers de l'*Iliade* où il paraît impossible de prononcer πηληϊάδεω autrement que πηληϊάδιω, si l'on veut observer la mesure, δεω n'y comptant que pour une syllabe.)

(2) Parmi ceux, bien entendu, que la langue française a conservés.

avant l'*u*, recevait l'accent sur cette syllabe. C'est
ce qui arriva en effet, comme le prouvent les formes
vol = vólui, *volt = vóluit*, *volrent* ou *voldrent =
vóluerunt* (l'*u*, dans ce dernier cas, s'étant raffermi
en *v* et l'accent ayant dû reculer par suite sur la
voyelle précédente). — Les trois autres personnes,
au contraire, au lieu d'avoir l'accent en deçà de l'*u*,
c'est-à-dire sur le radical, l'avaient au delà, c'est-
à-dire sur l'*i* de la flexion. Mais les deux voyelles
du groupe *ui* s'étant étroitement unies dans la
prononciation, l'accent fut naturellement partagé
entre les deux facteurs de la diphthongue, et l'*u*,
devenu ainsi l'égal de l'*i*, finit par le supplanter.
Ainsi se constituèrent les flexions de la seconde personne du singulier et des deux premières du pluriel
et, par suite, d'après l'analogie de ces dernières, la
série complète et régulière des flexions en *u*, de la
même manière que nous avons vu se constituer
celle des flexions en *i* dans les verbes en *re*.

Mais cette propagation de flexions distinctes aux
personnes qui s'étaient dégagées du latin sans en
conserver n'eut lieu que dans un petit nombre de
verbes, ceux-là seulement dont le radical se termine
par une liquide *(l* ou *r)*. Dans tous les autres ce fut
le contraire qui arriva, c'est-à-dire que le radical
ayant laissé tomber sa consonne finale, l'*u* de la
flexion s'unit par synérèse, après un temps plus ou
moins long, à la voyelle précédente et finit par s'y
substituer. Ex. : *dé üs, deus, dus (de(b)uisti)*. Quant
aux personnes à flexion effacée et dont la forme
variait originairement, sous l'influence de l'accent,
selon les besoins ou même les caprices de l'eupho-

nie (1), elles se mirent à l'unisson des trois autres, et un *u* (souvent figuré *eu*) s'y substitua pareillement à la voyelle radicale, partout où cette voyelle ne s'était pas déjà changé en *u* (2).

Tous les verbes en *oir* n'ont pas leur prétérit en *u*. *Voir* et *seoir* le font en *i*, et ce temps est contracte chez tous les deux.

Imparfait du subjonctif. — La flexion de ce *temps*, d'abord en *uisse*, se contracta bientôt en *usse*. — Dans les verbes dont la consonne radicale était tombée, la voyelle précédente resta longtemps, comme au prétérit, sans subir la synérèse. Ex. : *dé usse, é usse, po üsse*, etc.

Participe passé. — Voir ce qui a été dit ci-dessus, page 102, de l'origine et de la propagation de la flexion *u* au participe passé. — Parmi les verbes en *oir, pleuvoir* est le seul qui, dans le latin classique, eût ce *temps* en *ûtum*. — Cette flexion se comporta comme celles du prétérit et de l'imparfait du subjonctif, c'est-à-dire qu'elle se contracta avec la voyelle radicale dans les mêmes cas que ces der-

---

(1) Voici, comme exemple de la diversité de ces formes et aussi de leur peu de fixité dans le même verbe, celles de la première personne du prétérit de *savoir : saui, sau, soi, sui, seui, seuc, seuch, seu*. Le *ch* et le *c* des formes *seuch ,.seuc*, sont une modification normale de l'*i* (=*j*) des formes *saui, seui*, dans lesquelles cette lettre, si elle n'était pas complétement muette, ne pouvait être que consonne.

(2) Là où la voyelle radicale était devenue *eu* (dans *avoir* et *savoir*, par exemple, à la suite du changement normal d'*a* en *e* et de *v* en *u*), l'*u* se dégagea de la diphthongue et se fit sentir seul dans la prononciation. Mais on ne changea rien à l'orthographe, non plus que dans les formes contractes, ce qui conduisit, par fausse analogie, à représenter le son *u* par *eu* dans beaucoup de cas où l'étymologie ne justifiait nullement cette figuration.

nières. — Indépendamment de ce participe en *u*, plusieurs verbes en *oir*, comme beaucoup de verbes en *re*, en eurent dans le principe un autre, directement dérivé de la forme du latin classique. Ce dernier, lorsqu'il a été conservé, ne sert plus que comme substantif. Ex. : *dette = débita, recette = recépta, meute = móta.*

Les verbes en *oir* qui nous restent sont, avons nous dit, au nombre de seize simples. Nous les classerons d'après les mêmes principes que les verbes en *re*, c'est-à-dire eu égard à la forme, contracte ou non, de leur prétérit. Mais nous suivrons l'ordre inverse de celui que nous avons adopté pour ces derniers, parce que, ici, ce sont les prétérits contractes qui sont de beaucoup les plus nombreux.

A. — Verbes à prétérit contracte.

Le radical de tous les verbes de ce premier groupe se terminait en latin par une labiale ou une dentale (1). La dentale est tombée à toutes les formes. La labiale, au contraire, s'est maintenue, mais le plus souvent transformée, à la plupart des formes de la première série.

a. Prétérits en us.

1° *Devoir (debére).* — Voir le paradigme et les observations.

2° *Cevoir (cápere),* forme supposée qu'on trouve dans *recevoir, percevoir,* etc., lesquels ont été formés

_____

(1) Excepté *pleuvoir,* dont le radical était en *u (plú ere).*

directement du latin, après déplacement de l'accent (1). — Ces verbes se conjuguent absolument
comme *devoir*. — Le prétérit n'est point dérivé immédiatement de *cépi*. Il résulte de la mutation du *p*
en *v* et du changement consécutif de cette consonne
en *u*.

3° *Mouvoir (movére, móvi)*. — Ce verbe se conjugue
comme *devoir*, à cela près qu'il change en *eu* son *ou*
radical, aux formes à flexion sourde de la première
série. — Le *v* radical se changea en *u* au prétérit,
d'où les formes *moüs (= moüisti), moümes (= moüi-
mus)*, etc., qui ont précédé les formes actuelles. —
Observons que l'*o* radical se changea souvent en *e*,
tant au prétérit qu'au participe passé.

4° * *Avoir (habére)*. — La voyelle radicale de ce
verbe n'est diphthonguée aujourd'hui qu'à la première personne singulière du présent de l'indicatif;
elle l'était, dans le principe, souvent aux deux
autres : *ais, ait*. — La troisième personne du pluriel
se présente parfois sous la forme *ant;* la première et
la seconde ont été toujours régulières.

Le subjonctif présent est normalement dérivé de
hábeam, après la syncope du *b*. Il faut se rappeler
qu'on prononçait autrefois et que beaucoup pronon-
cent encore *ai-ye*, où *ai* est la voyelle radicale diphthonguée comme au présent de l'indicatif, et *ye*
(= ie), la dérivation régulière de la flexion *eam*
(= iam).

Le participe présent, au lieu de résulter de l'ad-

___

(1) Les autres langues romanes ont le simple. — Toutes ont,
comme nous, déplacé l'accent.

jonction de la flexion *ant* au radical pur et intact, a été formé de la première personne du présent de l'indicatif, mode de formation que nous retrouverons dans quelques autres verbes de cette conjugaison.

Toute trace du radical de ce verbe a disparu au prétérit, du moins dans la prononciation, car l'orthographe représente encore aux yeux l'*e* *(= a)* que, dans tous les autres prétérits, elle a depuis longtemps cessé d'écrire.

Le futur est *aurai,* où l'*u* représente le *v* radical. La forme la plus ancienne est *averai.* Il arriva souvent que la voyelle infinitive entraîna dans sa chute la consonne précédente, d'où *arai,* forme que l'on rencontre fréquemment et qui est encore en usage dans le patois saintongeois.

5° * *Savoir,* dérivé de *sápere,* après déplacement de l'accent tonique. — Ce verbe forme son futur comme *avoir.* Il a eu les formes *saverai, sarai,* celle-ci encore usitée dans la Saintonge. Il diphthongue sa voyelle radicale aux trois personnes singulières du présent de l'indicatif; mais cette voyelle reste pure à la troisième du pluriel et à tout le subjonctif présent. La forme de ce dernier *temps* résulte de la combinaison de la flexion *iam* avec la consonne radicale *p : sache = sapje = sapiam.* La première personne du présent de l'indicatif *sapio* a donné aussi, d'après la même analogie, *sache,* forme usitée dans quelques locutions. Le participe présent *sachant* en dérive, à moins qu'il ne soit venu directement de *sapientem.* Du radical *sav* on tira un autre participe, *savant,* qui n'est plus qu'adjectif.

6° * *Pouvoir*. — Le *t* de *potére*, forme du bas latin pour *posse*, étant tombé, chute habituelle aux dentales, on a eu *pooir* et, par l'attraction du *v*, *povoir*, *pouvoir*. Mais ce *v* est rejeté au futur et au conditionnel : *pourrai*, et non pas *pouvrai*. Ce verbe se conjugue comme *mouvoir* au présent de l'indicatif, mais il ne suit pas la même analogie au présent du subjonctif, où il fait *puisse*, *puissions*, etc., d'après le latin *póssim*, etc. Il a de plus, à côté de *peux*, première personne singulière de l'indicatif présent, une deuxième forme *puis*, plus usitée, de laquelle fut formé un participe, *puissant*, qui ne sert plus aujourd'hui que comme adjectif, le rôle de participe étant réservé à la forme *pouvant*, dérivée du radical pur. (Cf. *savant*, *sachant*, où le rapport est inverse.)

7° *Pleuvoir* (de *plúere*), moyennant le déplacement de l'accent et l'intercalation d'un *v* (1). — Cette consonne reste au futur. Les formes *plut (plúit)*, *plu (plútum)* sont données sans contraction par la dérivation régulière.

8° * *Choir* (de *cádere*), moyennant la chute de la dentale et le déplacement de l'accent. — La forme complète est *cheoir*, d'où le futur *cherrai*. L'*e* radical se change en *oi* comme dans *devoir*, aux formes à flexions sourdes. Mais cette altération a été propagée indûment aux formes à flexions sonores. Le prétérit ne dérive pas du parfait latin *cécidi*, qui

---

(1) Le *v* ici, comme dans *pouvoir*, n'est que la modification normale de l'aspiration *h (v = b + h)*, qui existe virtuellement, bien que l'écriture ne la figure pas, entre deux voyelles consécutives dont chacune appartient à une syllabe différente.

ne pouvait donner, comme *vídi, sédi,* que des flexions en *i.*

b. Prétérits en is.

1º * *Voir (vidére).* — La forme ancienne et complète est *veoir,* d'où le futur *verrai.* L'*e* radical se change en *oi* à toutes les formes de la première série, changement qui n'affectait dans le principe que les formes à flexions sourdes. A côté du participe passé *véu (= vu),* l'ancienne langue en avait un autre *vis,* régulièrement dérivé de *visum,* et fort usité dans la locution *ce m'est vis.* Les composés de ce verbe gardent par exception au futur et au conditionnel l'*oi* de l'infinitif, *pourvoirai, prévoirai. Pourvoir* fait, en outre, son prétérit en *us.*

2º * *Seoir (sedére),* usité surtout dans son composé *asseoir.* — L'*e* radical se diphthongue tantôt en *oi,* tantôt en *ie;* tantôt en *ei.* Ce sont là des traces persistantes des différences dialectales de la langue d'oïl. La diphthongue *oi* n'est pas élidée au futur *asseoirai,* mais ce *temps* a une autre forme, *assiérai,* dans laquelle l'élision a lieu et où la voyelle radicale est diphthonguée avec *i.* (Cf. *tiendrai, viendrai.*)

Le participe passé de ce verbe est *sis (= séssum);* c'est le seul de la conjugaison en *oir* qui ne soit pas en *u.*

B. — Verbes dont la flexion est, au prétérit, distincte du radical.

Cette deuxième classe ne renferme que six verbes simples, dont deux seulement sont complets.

1º *Paroir (párére).* — Ce verbe n'a plus d'entiers

que les *temps* de la deuxième série et le participe passé qui servent à *paraître,* formé de l'inchoatif *paréscere.* Son composé *apparoir* est usité à une seule forme, *il appert,* de la première série.

2° *Chaloir;* 3° *falloir;* 4° *valoir;* 5° * *vouloir;* 6° *douloir* (1). — De ces cinq verbes, le dernier n'est usité qu'à l'infinitif et le premier ne l'est guère qu'à la troisième personne singulière du présent de l'indicatif, dans les locutions *il ne m'en chaut* et semblables. — Ils forment leur futur par l'intercalation d'un *d* entre l'*l* radicale et l'*r* de la désinence infinitive. Ex. : *voldrai, valdrai,* d'où par suite de la substitution, habituelle en pareil cas, de l'*u* à *l, voudrai, vaudrai.* — L'ancienne langue, au lieu d'intercaler une dentale, assimilait souvent l'*l* à l'*r,* ou changeait simplement l'*l* en *u* devant l'*r.*

Ces verbes mouillent, comme *aller,* leur *l* radicale au présent du subjonctif (2). Cela veut dire, ainsi que nous l'avons expliqué, qu'ils ont conservé la flexion *ie (= eam, iam)* telle qu'ils l'avaient reçue de la dérivation ou qu'elle leur avait été prêtée dans le principe. — Outre leur prétérit en *u,* aujourd'hui seul usité, ces verbes en avaient un autre dans l'ancienne langue qui fut, pour *vouloir* et *valoir* du moins, longtemps préféré, et qui dérivait d'un parfait en *si,* flexion que le latin vulgaire, nous l'avons déjà remarqué, avait attribuée à plusieurs verbes

---

(1) *Calére,* — *fállere,* qui a donné aussi *faillir* avec même faute contre l'accent, — *valére,* — *volére,* forme vulgaire pour *velle,* — *dolére.*

2) Le composé *prévaloir* fait, par exception, que je *prévale,* etc.

qui ne la recevaient pas dans le latin classique. Ce second prétérit était, pour *vouloir, vols, volsis, volst, volsimes, volsistes, volsrent*, formes qui variaient souvent par suite soit de la chute de l'*l*, soit du changement de cette consonne en *u*. — *Vouloir* et *douloir* changent leur voyelle radicale *(ou)* en *eu* aux formes à flexion sourde de la première série; mais cette altération a été propagée indûment, pour *vouloir* du moins, aux deux premières personnes du pluriel du présent du subjonctif. — Quant à *chaloir, falloir, valoir,* leur voyelle radicale ne subit nulle part d'altération sous l'influence de l'accent tonique (1). Ce sont les seuls verbes de la conjugaison en *oir* qui soient aujourd'hui dans ce cas.

Valoir et *vouloir* ont chacun deux participes présents, formés, l'un du radical pur de l'indicatif : *valant, voulant,* l'autre du radical mouillé du subjonctif : *vaillant, veuillant.* — *Vaillant* n'est plus usité comme participe que dans la locution *un sou vaillant* et autres semblables ; partout ailleurs, il ne sert que comme adjectif. *Veuillant,* que l'on écrit aujourd'hui exclusivement *veillant,* conformément à l'ancienne orthographe (ce qui a introduit une prononciation incorrecte et qui dissimule son origine), n'est plus usité qu'en composition : *bienveillant, malveillant.*

---

(1) Les formes *chaut, faut, vaut,* etc., sont dues, non pas à l'influence de l'accent, mais au changement de l'*l* en *u* devant *t* ou *s*. — Dans *chaille, faille, vaille,* l'*i* affecte, non pas l'*a*, mais l'*l*.

APPENDICE.

NOTE SUR LA TROISIÈME PERSONNE DU PLURIEL
DANS LES PATOIS.

La troisième personne du pluriel se termine, dans tous les *temps,* par la syllabe muette *ent,* dérivation régulière des finales latines inaccentuées *ant, ent, unt,* que cette syllabe compose toute la flexion, comme au présent, ou qu'elle n'en soit qu'une partie, comme à l'imparfait et au prétérit. Mais il n'en est ainsi que dans la langue correcte, car dans les patois l'accent s'est déplacé et la syllabe finale est devenue sonore, *ont* dans les uns, *ant* dans les autres. Cette dernière désinence est celle qu'ont préférée les dialectes de l'Ouest. — Ce déplacement de l'accent tonique doit remonter à une époque fort reculée, car on en trouve des exemples dans de très vieux textes. M. Burguy en a réuni plusieurs, qui se rapportent tous, à la vérité, à l'imparfait du subjonctif. Mais les autres *temps,* du moins dans quelques dialectes, en fournissent également. Ainsi, dans la *Coutume de Charroux* (1) (1247), la plupart des imparfaits de l'indicatif sont en *iant,* comme dans le

---

(1) Publiée par M. de La Fontenelle de Vaudoré dans les *Mémoires de la Société des antiquaires de l'Ouest,* année 1842.

poitevin moderne, et l'on y trouve aussi un présent
en *ant (avant = habent)*.

Ce phénomène qui, dans le principe, a dû n'être
qu'accidentel, ne tarda pas sans doute à devenir
général dans la langue populaire, du moment que
la langue littéraire, sortie de son sein, s'en fut
séparée. Dans ce langage, ainsi délaissé par les let-
trés et abandonné à lui-même, l'analogie triompha
sans peine d'une tradition que rien n'entretenait
plus. Le peuple, chez qui les yeux n'avaient pu
usurper le rôle de l'oreille, dut répugner, dans son
instinct logique, à exprimer les rapports de plura-
lité, à la troisième personne, par des flexions moins
sensibles et moins sonores qu'aux deux autres. Il
éprouva le besoin qu'à cette troisième personne,
comme aux deux autres, l'amplification de l'idée se
traduisît dans le mot par une extension de la forme.
Telle fut sans doute la cause de ce déplacement de
l'accent tonique que nous venons de signaler et que
présente aujourd'hui, et depuis longtemps, la troisième personne du pluriel dans la plupart des patois.

C'est à un besoin analogue, remarquons-le en terminant, celui d'avoir partout des flexions distinctes
et sensibles, que les patois obéissent encore lorsque,
persistant jusqu'au bout dans la voie logique où la
langue correcte s'est arrêtée ou dont elle a dévié,
ils rejettent les formes à flexion effacée ou contractée
de celle-ci, et disent, par exemple, comme le Saintongeois : *fasez, disez, dissit, fasit, venu, venisse*, etc.

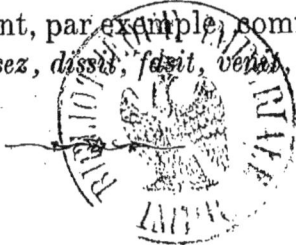

TABLE

www.ingramcontent.com/pod-product-compliance
Lightning Source LLC
Chambersburg PA
CBHW070808290326
41931CB00011BB/2165